Tamás Kosutány

Die Tabaksorten Ungarns

Tamás Kosutány

Die Tabaksorten Ungarns

ISBN/EAN: 9783743328945

Hergestellt in Europa, USA, Kanada, Australien, Japan

Cover: Foto ©Andreas Hilbeck / pixelio.de

Manufactured and distributed by brebook publishing software
(www.brebook.com)

Tamás Kosutány

Die Tabaksorten Ungarns

CHEMISCH-PHYSIOLOGISCHE UNTERSUCHUNG

DER CHARACTERISTISCHEREN

TABAKSORTEN UNGARNS.

IM AUFTRAGE DER KON. UNGARISCHEN NATURWISSENSCHAFTLICHEN GESELLSCHAFT

BEARBEITET VON

Dr THOMAS KOSUTÁNY

PROFESSOR DER CHEMIE AN DER KON. UNG. LANDWIRTHSCHAFTLICHEN ACADEMIE ZU UNGARISCH-ALTENBURG.

AUS DEM UNGARISCHEN IM AUSZUG ÜBERSETZT.

BUDAPEST, 1882.

VERLAG DER KON. UNG. NATURWISSENSCHAFTLICHEN GESELLSCHAFT.

Die königlich ungarische Naturwissenschaftliche Gesellschaft betraute Herrn Dr. Thomas Kosutány, Professor an der landwirthschaftlichen Akademie zu Ung.-Altenburg, im Juni des Jahres 1874 auf Grund eines von demselben vorgelegten Programmes mit der Ausführung einer genauen chemischen Untersuchung der ungarischen Tabaksorten und mit der Bearbeitung der auf diesem Wege erlangten Resultate von phyto-physiologischem Standpunkte.

Der erste Theil dieser Arbeit erschien 1877, der zweite 1881, beide in ungarischer Sprache. Von der Ueberzeugung ausgehend, dass die Resultate derselben nicht blos das ungarische Publicum interessiren dürften, sondern auch für die internationale wissenschaftliche Literatur von Werth sein möchten, beschloss der Ausschuss der Gesellschaft, im Einvernehmen mit dem Verfasser, wenigstens einen kurzen Auszug des Werkes in deutscher Sprache zu publiciren.

Dieser Auszug enthält die wichtigsten Resultate, welche Professor Kosutány auf Grund zahlreicher Analysen und eingehender Untersuchungen erlangt hat.

Budapest, im Juni 1882.

Dr. Josef Fodor,
erster Secretär.

I. THEIL.

ALLGEMEINE TABAK-ANALYSEN.

METHODE DER TABAK-ANALYSE.

Behufs Untersuchung des Tabaks ist es nothwendig, denselben in hierzu geeignete Form zu bringen; dies geschieht in der Weise, dass man vorerst die Blattstiele entfernt, sodann den Tabak zerschneidet, wohl mischt und schliesslich auf einer Mühle möglichst fein mahlt. Der fein gemahlene Theil wird sofort zur Ammoniak- und Nicotin-Bestimmung verwendet, während man zur Aschenbestimmung den geschnittenen Tabak verwenden kann.

Zur Bestimmung der *Feuchtigkeit* werden circa 5 Gramm Tabakpulver im Trockenschranke bei 105° C. so lange getrocknet, bis zwei aufeinander folgende Wägungen keine Differenz zeigen. Die Substanz muss zwischen zwei wohl aufeinander geschliffenen Uhrgläsern sich befinden, da dieselbe sehr hygroskopisch ist. Die Gewichtsconstanz ist erst nach 10—12stündigem Trocknen zu erreichen. Es ist nicht zu leugnen, dass bei dieser Procedur ausser dem Wasser auch noch andere flüchtige Substanzen, wie etwas Ammoniak, Nicotianin (Tabakkampher), entweichen. Da die Correctursbestimmungen mit vieler Mühe verbunden gewesen wären, andererseits aber auch bei allen Feuchtigkeitsbestimmungen derselbe Fehler sich wiederholt, und die bei der Trocknung erzielten Gewichtsverluste relativ vergleichbare Zahlenwerthe bieten, so unterliess ich die ersteren.

Der Gesammtaschengehalt wurde unmittelbar in der zur Trocknung verwendeten Substanz eruirt. Die Substanz, die in eine gewogene Platinschale umgeleert wurde, kam in den Hugershoff'schen Muffelofen und nach 7—8 Stunden war die Veraschung eine vollkommene. Die in dem Exsiccator erkaltete Asche wurde nach rasch vollzogener Wägung auf Procente der Trockensubstanz berechnet. Ich bezeichne diese Asche als Rohasche im Gegensatz zu jener Aschenmenge, die erzielt wird, wenn die Rohasche, mit Salzsäure extrahirt, von unverbrannter Kohle, vom Sande und von der Kohlensäure befreit ist, welche Substanzen, von der Rohasche in Abzug gebracht, die Menge der sogenannten Reinasche ergiebt.

Die Bestimmung des *freien* und des *gebundenen Ammoniaks* geschieht zweckmässig mittelst der Schlösing'schen Methode. Zu diesem Zwecke werden 20—30 Gramm lufttrockenen Tabakstaubes mit Wasser durchfeuchtet, sodann möglichst rasch und vollständig mit überschüssiger Kalkmilch gemengt und schliesslich unter eine wohl schliessende Glasglocke, unter welcher gleichzeitig 20 c. c. Normal-Schwefelsäure zweckentsprechend untergebracht sind, gegeben. Nach drei bis vier Tagen ist das Ammoniak aus dem Tabak entwichen und von der Schwefelsäure absorbirt. Durch Zurücktitriren der Säure mit normaler Lauge kann die Menge des von der Säure aufgenommenen Ammoniaks bestimmt werden. Bei meinen Berechnungen ist das Ammoniak als $(NH_4)_2O$ in Betracht gezogen worden.

Streng genommen begeht man bei dem eben geschilderten Verfahren einen Fehler, der darin besteht, dass während des Mischens der Substanz mit Kalkmilch ein Theil des Ammoniaks entweicht, der von der Säure nicht absorbirt wird, sich daher der Bestimmung entzieht. Schlösing hat auch in der That empfohlen, dieses Mischen unter der Glasglocke vorzunehmen; dass ich davon abgewichen bin, geschah vornehmlich aus dem Grunde, weil ein inniges Mischen mir in dieser Weise nicht gelang und im Uebrigen die Verluste durch das Mischen ausserhalb der Glocke, wie dies aus directen Versuchen sich ergab, so gering waren, dass sie weit innerhalb der Grenzen der Beobachtungsfehler fallen. Bei der Prüfung dieser Methode der Ammoniak-Bestimmung habe ich mich überzeugt:

1. dass nach Ablauf von drei bis vier Tagen sämmtliches Ammoniak aus dem Tabakstaub vertrieben und von der Schwefelsäure absorbirt ist;

2. dass hierbei weder das Nicotin, noch andere stickstoffhaltige Substanzen Ammoniak entwickeln;

3. dass die unter der Glocke befindliche Schwefelsäure auch nicht eine Spur von Nicotin aufgenommen hat;

4. dass durch die Kalkmilch das Nicotin in Freiheit gesetzt wurde, ohne die geringste sonstige Veränderung zu erleiden.

Die Bestimmung des *Nicotingehaltes*. Bevor ich diese Bestimmungen ausführte, unterwarf ich die Schlösing'sche Methode der Nicotin-Bestimmung einer sorgfältigen Prüfung, wobei ich zu der Ueberzeugung gelangte, dass das genannte Verfahren unbrauchbar sei und ein entsprechender Modus für eine richtige Nicotin-Bestimmung vorerst geschaffen werden musste. Der Fehler des Schlösing'schen Verfahrens besteht darin, dass man wohl mittelst Ammoniak's das Nicotin in Freiheit setzen kann, es dagegen rein unmöglich ist, die beiden Substanzen hierauf derart genau von einander zu trennen, dass von dem flüchtigen Nicotin einerseits nichts entweicht, andererseits aber bei der Titrirung nicht auch Ammoniak mit eine Rolle spielt.

Die grosse Aehnlichkeit, die die beiden Substanzen chemischen Agentien gegenüber zeigen, die ähnlichen Löslichkeitsverhältnisse der verschiedenen Ammoniak- und Nicotin-Verbindungen erschweren ungemein die Trennung.

Ich prüfte das Verhalten des Nicotins zu Pikrinsäure; der hiebei entstehende Niederschlag ist indess in Wasser, Alkohol, Aether, ja selbst in Pikrinsäure löslich — also zur quantitativen Bestimmung nicht verwendbar. Ebensowenig führte das Nicotinoxalat zu einem befriedigenden Resultate. Endlich, nach langwierigen Vorversuchen, bin ich bei der folgenden Bestimmungsweise, als dem Zwecke am meisten entsprechend, stehen geblieben.

Die zur Ammoniak-Bestimmung verwendete, also mit Kalkmilch gemischte und von Ammoniak befreite Substanz wird auf dem Filtrum mit Wasser extrahirt und zwar in der Art, dass je 80—100 c. c. aufgegossen werden und erst nach vollständigem Ablaufen des Waschwassers die abermalige Waschung wiederholt wird. Nach 6—7maliger Wiederholung dieser Operation ist das Nicotin vollständig extrahirt. Die vereinigten Waschwässer werden in einem Mischcylinder mit Petroleumäther ausgeschüttelt, und zwar dreimal; das jedesmal angewendete Volumen des Aethers beträgt 20—25 % o. Das Schütteln wird mit zeitweiliger Unterbrechung, und zwar 10—12-mal in einem Tage vorgenommen.

Die alkalische Nicotinlösung mischt sich beim Schütteln mit dem Petroleumäther sehr innig; letzterer ist als feiner Staub vertheilt, so zwar, dass hiedurch die Extraction zwar wesentlich gefördert wird, die Operation hingegen viel Zeit erfordert, da in der Regel mehrere Stunden nöthig sind, bis der Aether sich völlig gesammelt hat und die darunter befindliche wässerige alkalische Lösung klar geworden ist. Mittelst eines Scheidetrichters wird nun die Aetherschichte getrennt. Hiebei ereignet es sich, namentlich wenn nicht gegohrener Tabak das Untersuchungsobject bildet, dass eine braune gelatinöse Substanz in der Aetherflüssigkeit suspendirt ist. Zur Entfernung dieser Substanz wird die ätherische Lösung mit destillirtem Wasser gespült und mittelst des Scheidetrichters getrennt. Eine besondere Aufmerksamkeit muss bei dieser Operation der möglichst vollständigen Trennung der Petroleumschichte von der durch gelösten Kalk alkalisch reagirenden wässerigen Schichte gewidmet werden, da sonst bei der Sättigung mit Schwefelsäure auch diese in Mitleidenschaft gezogen und die quantitative Bestimmung falsch wird. Die Anwendung von Reagenzpapieren wird am sichersten anzeigen, wie lange das Waschen des Aethers fortgesetzt werden muss.

Die auf diese Weise erhaltene volkommen klare ätherische Lösung des Nicotins wurde nun mit überschüssiger $^1/_{10}$ Normal-Schwefelsäure zusammengeschüttelt, einen halben Tag der Ruhe überlassen, mittelst des Scheidetrichters die Trennung der wässerigen Schichte vollzogen und der Aether so lange gewaschen, bis das Waschwasser blaues Lackmuspapier nicht mehr röthete. In der wässerigen Lösung ist nun neben dem an Schwefelsäure gebundenen Nicotin auch die im Ueberschusse angewandte Säure enthalten. Die Lösung wird nun in zwei gleiche Theile getheilt; in dem einen Theil wird die überschüssige Säure mit sehr verdünntem Barytwasser zurücktitrirt und aus der gebundenen Menge der Schwefelsäure das Nicotin berechnet; in dem zweiten Theile geschah die Bestimmung mittelst Quecksilberjodid-Jodkalium.

Als Beleg für die Richtigkeit der oben auseinandergesetzten Methode möge folgender Versuch dienen.

Es wurden zwei Portionen von je 30 Gramm Tabak (Királydaróczer) abgewogen und Portion *a* nach dem gewöhnlichen Verfahren behandelt. Zur Portion *b* wurden 0·1203 Gramm Nicotin — nachdem dasselbe mit $^1/_{10}$-Schwefelsäure neutralisirt worden war, wozu 7·43 c. c. nothwendig waren — gemischt.

Die Ammoniak-Bestimmung ergab in beiden Fällen übereinstimmende Werthe. Aus der Portion *a* vertrieb die Kalkmilch 0·242 Gramm, aus *b* 0.240 Gramm Ammoniak.

Die Nicotin-Bestimmung ergab die folgenden Zahlenwerthe:

Nach dreimaliger Extraction mit Petroleumäther und der Reinigung desselben mit Wasser wurden 7·9 c. c. $^1/_{10}$ Normalbaryt = 7·9 c. c. $^1/_{10}$ Normal-Schwefelsäure verbraucht. Multipliciren wir diese mit dem $^1/_{10}$ Aequivalentgewichte des Nicotins = $C_{10}H_{14}N_2$ = 16·2, so ergeben sich 0·12798 Gramm Nicotin in 30 Gramm Tabak.

Die Portion *b* in derselben Weise behandelt benöthigte 15·38 c. c. $^1/_{10}$ Normal-Baryt gleich ebensoviel $^1/_{10}$ Normal-Schwefelsäure, die, mit 16·2 multiplicirt, 0·2491 Gramm Nicotin ergeben.

Ziehen wir hievon die Eingangs erwähnten 0·1203 Gramm Nicotin ab, so ergibt sich 0·1288 Gramm anstatt 0·12798 Gramm. Die Differenz ist so gering, dass sie füglich vernachlässigt werden kann und eher ein Beweis für als gegen die Anwendbarkeit der Methode ist.

Ich übergebe die zahlreichen weiteren einschlägigen Versuche und verweise auf die Originalarbeit. Es sei nur noch erwähnt, dass eine dreimalige Extraction mit Petroleumäther und ein einmaliges Schütteln desselben mit Schwefelsäure zur Bestimmung hinreicht.

Das Verfahren zur Nicotin-Bestimmung nach F. Meyer (Fresenius' Zeitschrift für analyt. Chemie, 1863 pag. 225), mittelst Jodkalium-Quecksilberjodid, giebt befriedigende Resultate. Zur Bereitung der Titerflüssigkeit werden 13·546 Gramm Quecksilberchlorid und 49·8 Gramm Jodkalium zu 1 Liter gelöst. Ein jedes Kubik-Centimeter der Lösung entspricht 0·0045 Gramm Nicotin und 4 Kub.-Centim. $^1/_{10}$ Norm. $AgNO_3$. Beim Titriren wird ein Ueberschuss von der Quecksilber-Doppelsalz-Lösung angewendet, der mit $^1/_{10}$ Silber gemessen wird.

Enthält indessen die Nicotinlösung noch andere verunreinigende Beimengungen, namentlich schwefelsaure Salze, so ist die Titration ausserordentlich erschwert, die Flüssigkeit trübt sich schon zu Anfang der Titration und man kann die Wirkung der hinzukommenden Tropfen, den Endpunkt der Reaction nicht gut beobachten. Das Retourtitriren mit Zehntel-Silberlösung unter Anwendung des Indicators (Kaliumchromat) geht nicht an, da das Reagenz auch Chlor enthält, welches die Jodtitration unmöglich macht. Die Gegenwart von schwefelsauren Salzen verändert ebenfalls das Resultat der Bestimmung. So z. B. wurden 20 c. c. einer reinen Lösung von schwefelsaurem Nicotin mit dem Meyer'schen Reagenz titrirt und hiebei 5 c. c.; verbraucht. Als nun derselben Menge Nicotinlösung 0·025 Gramm schwefelsaures Ammon. zugefügt wurden, war der Verbrauch 7·2 c. c.; beim Hinzufügen von 0·02 Gramm Bittersalz 6·9 c. c.

Der Petroleumäther ist für die Nicotin-Bestimmung ganz besonders geeignet und zwar aus dem Grunde, weil er eine wasserhelle Lösung giebt und beim Verdunsten an der Luft lange nicht so betäubend wirkt als eine äthyl-ätherische Lösung von Nicotin. Schliesslich sei noch erwähnt, dass bei der Verdunstung der petroleumätherischen Lösung sich jene harzartigen Substanzen, die das Nicotin so hartnäckig in sich schliessen, nicht bilden — während bei der Extraction mittelst gewöhnlichen Aethers gerade dieser Umstand zu Schwierigkeiten Anlass giebt. Als Indicator benützte ich anfangs Cochenille- und Curcumapapier, während später eine sehr sorgfältig bereitete Lackmustinctur und Curcumapapier verwendet wurden. Die Titration wurde folgendermassen ausgeführt. Die zu titrirende Flüssigkeit wurde nach dem Versetzen mit einigen Tropfen Lackmustinctur bis zum Uebergange in Blau titrirt, hernach wurde noch tropfenweise von der Titerflüssigkeit so lange zugesetzt, bis die Tüpfelprobe auf Curcumapapier einen deutlichen braunen Ring ergab.

Die zahlreichen auf diese Weise austitrirten Flüssigkeiten wurden gesammelt, um einerseits das Nicotin zurückzugewinnen, andererseits mich von der Reinheit des Nicotins zu überzeugen. Die Regenerirung des Nicotins gelang bei Anwendung von Petroleumäther vollkommen und die quantitativen gewichtsanalytischen Proben, die Bestimmung des Nicotins als Platinchlorid-Doppelsalz bewies, dass das Nicotin vollkommen rein war.

Es ist auffallend, dass SCHLÖSING es nicht wahrnahm, dass beim Verdunsten der ätherischen Nicotinlösung ein bedeutender Nicotinverlust sich ergibt. Ich habe, namentlich als etwas concentrirtere ätherische Nicotinlösung verarbeitet wurde, oft empfindliche Störungen in den Sehorganen wahrgenommen, was doch nur von dem mitverdampfenden Nicotin herrühren konnte.

Die Bestimmung des *Salpeters* und der *Salpetersäure*. Dieselbe habe ich anfänglich nach dem von WULFERT modificirten SCHULZE'schen Verfahren, später nach der THIEMAN'schen Methode ausgeführt. Bei diesen Bestimmungen wird das Stickoxydvolumen gemessen, welches die Salpetersäure bei ihrer Einwirkung auf Eisenchlorür entwickelt. Die nähere Beschreibung dieses Verfahrens kann ich an dieser Stelle füglich unterlassen und verweise diesbezüglich auf den XII. Band der Landwirthschaftlichen Versuchsstationen pag. 164.

Zur Bestimmung des Salpeters im Tabak verfährt man folgenderweise: 5—10 Gramm Tabakpulver werden mit Kalkmilch andauernd gekocht, filtrirt, der Rückstand mit heissem Wasser gewaschen und das Gesammtfiltrat auf 20—25 c. c. eingeengt, sodann abermals filtrirt, mit heissem Wasser nachgewaschen und dieses Gesammtfiltrat auf 100 c. c. erhöht, nachdem es mit Salzsäure schwach angesäuert wurde, um die an den Kalk gebundene Kohlensäure zu verjagen. Von dieser Lösung nahm ich 20 c. c., entsprechend 1—2 Gramm Tabak, zur jeweiligen Bestimmung.

RESULTATE DER TABAK-ANALYSEN.

Ich unterlasse es, an dieser Stelle die Beschreibung der Bodenverhältnisse, auf denen die nachfolgenden Tabake erzielt wurden, wiederzugeben und verweise diesbezüglich auf die Originalarbeit. Die Resultate der Analysen lasse ich in tabellarischer Zusammenstellung auf nächster Seite folgen.

Die von mir untersuchten ungarischen Tabaksorten enthalten im Durchschnitt in 100 Theilen Trockensubstanz 0·8216 Thl. Ammoniak, 0·7527 GThl. Nicotin, 23·387 GThl. Rohasche und 0·711 GThl. Salpeter.

Interessant erscheint die Lösung der Frage, welchen Einfluss wohl der Gährprocess des Tabaks auf die Mengenverhältnisse der Tabakbestandtheile ausübt. Dass hiebei die Albuminate eine Rolle spielen, lässt sich wohl kaum bezweifeln. Ob aber auch das Nicotin sich bei dem Processe betheiligt, lässt sich nur durch directe Versuche ermitteln. Zu diesem Zwecke nun wurden fünf Gattungen Tabak, die auf dem Versuchsfelde der Ungarisch-Altenburger landwirthschaftlichen Akademie gezogen wurden, in unvergohrenem, frischem und andererseits in vergohrenem Zustande untersucht. Die Resultate sind folgende:

	In 100 Thl. Trockensubstanz	
	Ammoniak	Nicotin
Unvergohrener Connect. Virg.-Tabak	0·2958 %	1·179 %
Vergohren derselbe	0·6347 „	0·903 „
Unvergohrener Havanna	0·2037 „	1.0726 „
Vergohren derselbe ...	0·5243 „	0·9060 „
Unvergohrener Büffler...	0·2212 „	1·6470 „
Vergohren derselbe ...	0·5138 „	1·064 „
Unvergohrener Szolnoker	0·1713 „	1·266 „
Vergohren derselbe ...	0·5057 „	0·490 „
Unvergohrener Laplata	0·2563 „	1·244 „
Vergohren derselbe ...	0·4276 „	0·917 „

Nach diesen Versuchen enthält der unvergohrene Tabak im Durchschnitt 0·2497 % Ammoniak und 1·254 % Nicotin, während der vergohrene Tabak 0·5211 % Ammoniak und 0·5211 % Nicotin enthält. Es leidet demgemäss keinen Zweifel, dass das Nicotin bei dem Gährprocesse sich betheiligt. Der Ammoniakgehalt des Tabaks steigt hierbei im Verhältniss von 48 : 100, während der Nicotingehalt eine Abnahme im Verhältniss von 100 : 68·27 erfährt. Ob der Salpeter im Tabak sich bei dem Gährprocesse betheiligt, ist zwar durch directe Versuche nicht

I. TABELLE.

ZUSAMMENSTELLUNG DER ANALYTISCHEN DATEN BEZÜGL. DER TROCKENSUBSTANZ-, AMMON-, NICOTIN-, GESAMMT-ROHASCHE- UND REINASCHENMENGE.

Nr.	Name des Tabaks	Trockensubstanz %	Ammoniak: in 30 % $^1/_{10}$ Aeq. H_2SO_4	Ammoniak: NH_3 in g	Ammoniak: % Ammoniak in der Trockensubstanz	Nicotin: in 30 % $^1/_{10}$ Aeq. H_2SO_4	Nicotin: Nicotin in g	Nicotin: % Nicotin in der Trockensubstanz	Asche: g der untersuchten Substanz	Asche: hierin Asche in g	Asche: % Asche in der Trockensubstanz	Salpeter als KNO_3 berechnet: g der untersuchten Substanz	Salpeter: NO in C. %	Salpeter: NO in g	Salpeter: KNO_3 in g	Salpeter: KNO_3 in %
1	Dorogher Gartentab.	87,721	32,204	0,1874	0,6363	7,3376	0,1183	0,4518	4,5500	1,2039	27,78	1,8285	3,0824	0,004047	0,018873	1,0255
2	Fadder Gartentabak	87,437	41,105	0,2155	0,8236	9,1210	0,14755	0,5632	4,445	1,0348	23,28	1,4575	7,276	0,009775	0,03294	2,260
3	Dorogher gewöhnl.	89,536	16,858	0,0877	0,8262	4,336	0,07318	0,2359	4,811	1,1276	23,44	1,7326	12,554	0,01686	0,05853	3,280
4	« muskateller	91,372	41,405	0,2153	0,7803	5,743	0,00934	0,3308	5,178	1,2208	23,65	1,3931	3,0276	0,004873	0,01642	1,178
5	« virginier	89,148	32,203	0,1075	0,6207	5,746	0,0338	0,3530	5,149	1,2382	24,05	1,1550	5,573	0,007487	0,025231	2,182
6	Nagy-Öszer … …	86,95	26,07	0,1354	0,5194	12,050	0,1952	0,7483	4,963	1,4963	30,10	0,7615	2,308	0,002984	0,001088	1,311
7	Csókaer …	90,130	35,27	0,1834	0,0782	9,568	0,1550	0,5730	Unbrennbar			0,8843	1,27985	0,0017777	—	0,845
8	Szajáner …	89,55	50,17	0,2609	0,9711	12,374	0,1993	0,7410	4,564	1,1987	26,27	0,6153	7,34208	0,008635	—	5,401
9	Adorjáner	87,93	73,61	0,3827	1,454	Spuren			4,7938	1,1947	24,93	0,6781	1,73285	0,0023277		1,156
10	Járovaer	87,65	85,88	0,4466	1,639	14,538	0,2355	0,8031	4,0707	1,1010	27,04	0,8077	2,8528	0,008325	—	1,597
11	Ohiner	90,45	10,735	0,05582	0,2657	7,719	0,1250	0,4608	3,0735	0,8531	27,76	0,8406	3,52057	0,004757	—	2,493
12	Fünfkirchner	89,15	27,603	0,1435	0,5362	12,014	0,20758	0,7784	4,0128	1,0980	23,81	0,7758	Spuren			
13	Szaloker	87,92	36,904	0,1914	0,7256	13,386	0,21080	0,82216	4,543	0,9873	21,75	1,039	1,42888	0,0020135	—	0,542
14	Pálfaer	91,052	35,270	0,1834	0,6714	8,293	0,13435	0,4918	4,0282	1,5244	32,94	1,1381	1,88298	0,002588		0,081
15	Mező-Kovácsháser	89,14	73,61	0,3828	1,4113	19,754	0,32001	1,3987	4,5778	1,0915	23,85	1,560	1,80048	0,00343		0,408
16	Szentesser	90,01	67,476	0,3509	1,2993	20,944	0,33962	1,258	5,739	1,2063	21,02	1,562	1,70985	0,002297	—	0,442
17	Mindszenter …	89,88	52,14	0,2711	1,008	8,739	0,14158	0,5251	5,3893	0,9786	18,13	3,090	Spuren			
18	Csongráder …	92,60	55,204	0,2871	1,0339	12,623	0,2045	0,7361	4,0055	1,1815	25,33	3,241	3,94686	0,00530	—	0,415
19	Lukácsfalver	88,09	56,75	0,2951	1,117	12,113	0,19623	0,7423	2,9201	0,7611	26,08	4,4045	7,05212	0,01028	—	0,604
20	Szécsányer	91,59	27,603	0,1435	0,5224	9,821	0,15910	0,5791	3,1136	0,7611	24,14	4,579	Spuren			
21	Nagy-Tárkányer	88,55	27,603	0,1435	0,5402	7,338	0,11887	0,4475	4,4657	1,2677	28,39	4,4275	2,34801	0,00302	—	0,2034
22	Nyiregyháser …	90,33	62,874	0,3265	1,2058	10,649	0,17251	0,6367	2,3017	0,6242	26,98	4,5105	3,20589	0,01442	—	0,298
23	Simánder	88,58	36,804	0,1914	0,7202	6,319	0,10237	0,3850	4,429	1,0442	23,37	4,420	15,44504	0,02094	—	1,398
24	Tordaer …	91,21	61,341	0,31897	1,1858	12,304	0,19932	0,7284	5,1802	1,3471	26,97	4,5605	6,06969	0,00818	—	0,804
25	Ecseder	88,78	47,520	0,2471	0,9277	20,058	0,23466	1,2580	4,0815	1,2722	27,20	4,4380	5,07571	0,006818	—	0,459
26	Nyiregyháser …	89,315	17,136	0,08911	0,3326	18,481	0,2984	1,1137	3,7540	0,8589	22,80	4,4657	Spuren			
27	Csengerer …	89,028	35,27	0,1834	0,0710	21,473	0,34787	1,3025	4,3000	0,8078	18,78	—	Spuren			
28	Jánker …	89,829	16,715	0,08898	0,9727	20,072	0,32516	1,2086	4,0765	1,7819	25,28	4,4914	16,2933	0,02188	—	1,477
29	Pécser …	82,147	93,545	0,48640	1,9737	19,818	0,32105	1,3077	4,4180	0,9852	21,67	4,4914	—	—	—	—
30	Borbider …	86,183	28,023	0,1488	0,5756	21,410	0,3468	1,3020	3,0560	1,1075	30,29	—	—	—	—	—
31	Félegyháser	86,29	49,073	0,2552	0,9885	10,521	0,17044	0,6589	3,7341	0,7708	20,85	3,449	2,8162	0,003783	—	0,383
32	Vérteser	89,698	16,944	0,08811	0,3383	19,372	0,31384	1,800	4,7085	1,3808	28,90	3,587	Spuren			
33	Dögheer	83,802	58,120	0,30222	1,2021	11,242	0,18212	0,72499	4,2735	1,3488	31,52	3,352	Nichts			
34	Osóber	82,126	12,268	0,06379	0,2580	13,038	0,2250	0,9150	3,8150	1,1944	31,90	3,285	Nichts			
35	Uj-Palánkaer	89,433	64,405	0,3349	1,2482	12,113	0,19623	0,73135	4,3265	1,1270	26,05	3,557	4,8028	0,006452	—	0,611
36	Vértaser …	87,945	47,54	0,2472	0,9370	8,1018	0,13126	0,4976	4,7555	1,5241	32,05	3,518	3,9842	0,005452	—	0,511

¹ Wahrscheinlich nass geworden.

Nr.	Name des Tabaks	Trockensubstanz %	Ammoniak: in 20% ccm H_2SO_4	Ammoniak: NH_3 in g	Ammoniak: % Ammoniak in der Trockensubstanz	Nicotin: in 20% ccm H_2SO_4	Nicotin: Nicotin in g	Nicotin: % Nicotin in der Trockensubstanz	Asche: g der untersuchten Substanz	Asche: hierin Asche in g	Asche: % Asche in der Trockensubstanz	Salpeter als KNO_3 berechnet: g der untersuchten Substanz	Salpeter: NO in C.C.m	Salpeter: NO in g	Salpeter: KNO_3 in g	Salpeter: KNO_3 in %
37	Ásotthalmer ..	86,955	92,01	0,4784	1,624	9,7506	0,15707	0,6050	4,3422	1,0642	24,61	3,478	4,2702	0,005750	—	0,555
38	Karaszer .	86,850	42,050	0,2275	0,8588	17,144	0,2777	1,0681	4,4530	1,2755	28,62	3,467	3,4547	0,004651	—	0,454
39	Dombréder	87,120	50,605	0,2631	0,9996	19,054	0,30767	1,1701	4,1770	1,0937	25,94	3,500	9,2316	0,0124		1,470
40	Kis-Oroszer	86,970	62,874	0,3269	1,2655	7,5287	0,12186	0,4714	5,0055	1,2576	25,13	3,451	1,1050	0,001482		0,141
41	Jász-Kis-Érer	87,508	27,603	0,1435	0,5465	16,952	0,2746	1,01623	4,3825	0,9105	20,77	3,500	4,0435	0,005432	—	0,427
42	Tiszaroffer.	89,427	17,630	0,0917	0,3418	9,8186	0,15916	0,5929	4,5716	0,9954	21,55	3,577	2,544	0,003417	—	0,321
43	Csatáder	89,411	44,472	0,2310	0,8619	8,6113	0,13950	0,52067	4,3144	0,9547	22,15	3,536	4,2422	0,005699	--	0,551
44	Kübekházer	88,022	73,608	0,3827	1,4693	6,701	0,10855	0,41666	5,0176	1,1238	22,16	3,521	4,713	0,00631	—	0,610
45	Ófutaker	89,857	62,874	0,3269	1,2340	9,439	0,15291	0,56723	5,1440	1,2088	23,30	3,504	7,654	0,01025	—	0,90
46	Csányer ...	90,555	14,262	0,0742	0,2747	14,533	0,23540	0,8696	4,4012	0,9546	21,40	3,015	13,655	0,01832	—	1,708
47	Halaszer	86,811	49,072	0,2552	0,9521	9,5025	0,1550	0,5922	4,402	0,9427	21,41	3,064	7,1278	0,009575	—	0,860
48	Fehér-Gyarmater ..	87,827	58,275	0,3030	1,159	8,0296	0,14466	0,5533	5,2658	1,1466	21,65	3,513	2,1256	0,002855	--	0,250
49	Arader ...	89,511	32,204	0,1674	0,6254	13,005	0,21068	0,7845	5,0235	1,0421	20,74	2,944	3,0015	0,004032	—	0,440
50	Fehér-Gyarmater ..	84,556	62,874	0,3269	1,2936	7,6785	0,12438	0,4901	4,8500	0,8846	18,24	3,361	Spuren		—	
51	Nagy-Tárkányer .	84,460	47,540	0,2472	0,9755	12,276	0,1988	0,7846	4,4265	0,9241	20,88	3,378	—	—	—	--
52	Dögheer .	89,602	70,541	0,3668	1,3632	6,893	0,11166	0,4150	5,4943	1,3092	23,82	3,687	Nichts			
53	Apácszer	89,826	62,874	0,3269	1,2127	9,1012	0,1487	0,5524	4,7870	1,1805	24,66	3,594	1,8879	0,002536	—	0,237
54	Matoleser.	89,548	67,474	0,3508	1,3061	7,0866	0,11485	0,4275	4,197	0,9018	21,48	3,581	Nichts		—	—
55	Füzes-Gyarmater	92,185	41,405	0,2153	0,7760	11,621	0,1883	0,6787	4,7225	1,2451	26,32	3,090	Nichts			
56	Lodaser .	89,702	61,340	0,3189	1,1845	11,434	0,1850	0,6872	5,4953	1,1937	21,72	3,585	Nichts		—	
57	Kokader	89,633	41,405	0,2153	0,8006	13,722	0,2222	0,8258	5,2956	1,5871	29,97	3,561	3,2841	0,004411		0,415
58	Vittnyéder	99,515	15,335	0,0797	0,2932	5,579	0,09058	0,5405	3,9354	0,9904	25,14	3,561	4,2237	0,005961		0,597
59	Csejder.	89,590	33,737	0,1754	0,6526	13,722	0,2222	0,8263	4,798	1,1197	23,35	---	Nichts			
60	Rihaer	88,345	78,210	0,4067	1,5232	13,657	0,2212	0,8285	5,4463	1,2006	22,08	3,550	1,324	0,001738	—	0,161
61	Arader, schwedisch	90,143	30,670	0,1595	0,5904	12,803	0,20741	0,7678	5,3109	1,0581	19,50	3,052	2,1500	0,002951	—	0,270
62	Arader, chinesisch	88,657	21,470	0,1116	0,4195	20,122	0,32597	1,2285	4,1560	0,8474	20,48	3,5463	3,6345	0,004882	--	0,461
63	Bályer...	89,902	55,210	0,2871	1,0645	17,830	0,2863	1,0727	4,8912	1,0818	22,11	—	Spuren			
64	Nagy Létaer	90,027	72,077	0,3748	1,3740	8,8638	0,1436	0,5266	5,3589	1,3258	24,74		Spuren			
65	Debröer	76,547	10,736	0,05580	0,2431	2,9545	0,04786	0,2084	4,4327	1,1241	25,35	—	Nichts			--
66	Csetneker	94,515	19,935	0,1036	0,3650	6,9675	0,10815	0,3638	4,4425	0,8641	19,45	—	Nichts			
67	Vöker	86,354	9,201	0,0478	0,1845	11,300	0,1798	0,6941	4,7830	0,9174	19,18	—	Nichts			
68	Ribaer	87,432	95,08	0,4944	1,8856	5,581	0,0904	0,3448	4,954	1,0185	20,45	—	—	--		
69	Magyar-Csaholyer	89,608	32,610	0,16962	0,6310	10,477	0,1696	0,6313	4,3617	0,9901	22,69	1,7022	7,626	0,01045		1,925
70	Nagy-Majthényer	88,178	37,055	0,0197	0,0745	12,769	0,2068	0,76176	4,4079	1,0740	24,36	1,763	1,6853	0,002601		0,5101
71	Király-Daróczer ..	88,685	19,80	0,2580	0,9008	10,623	0,1709	0,6027	4,591	0,8584	19,49	1,779	3,1432	0,004222	-	0,704
72	Ákoser	91,298	43,66	0,2270	0,8265	12,386	0,2006	0,7331	4,405	0,9379	21,29	1,8246	1,9330	0,002598	—	0,424
73	Pilis Nyirbátorer.	89,642	42,120	0,2190	0,8145	14,297	0,2316	0,8612	4,681	0,8354	17,84	1,793	1,039	0,001383	—	0,250
74	Nagy-Létaer	89,570	62,08	0,3227	1,2010	11,495	0,1862	0,6929	4,8715	1,1584	26,40	1,791	8,2349	0,011063		2,081
75	Matoleser	88,22	52,860	0,2749	1,0385	13,215	0,2141	0,8087	3,8205	1,1414	29,87	1,704	1,704	0,002289		0,152
76	Sándorházer	88,048	54,804	0,2828	1,0600	6,915	0,1130	0,4286	4,4185	0,9074	20,54	1,770	1,895	0,001874	—	0,635
77	Békéser, I. Classe.	88,402	75,843	0,3945	1,48,6	11,877	0,1924	0,7236	4,2414	0,9929	23,39	1,768	Spuren			—

Nr.	Name des Tabaks	Trockensubstanz %	Ammoniak: in 30 CC. 1/10 Aeq. H_2SO_4	Ammoniak: NH_4O in %	Ammoniak: % Ammoniak in der Trockensubstanz	Nicotin: in 30 CC. 1/10 Aeq. H_2SO_4	Nicotin: Nicotin in %	Nicotin: % Nicotin in der Trockensubstanz	Asche: % der untersuchten Substanz	Asche: hierin Asche in %	Asche: % Asche in der Trockensubstanz	Salpeter als KNO_3 berechnet: % der untersuchten Substanz	NO in C. C.	NO in %	KNO_3 in %	KNO_3 in %
78	Paradiesomer, I. Cl.	87,602	58,574	0,3068	1,1660	8,630	0,1396	0,5316	4,3809	1,0102	23,06	1,7532		Nichts		—
79	Bácska - Madaraser	87,154	52,800	0,2119	1,0514	7,171	0,1162	0,4444	4,7440	1,0017	23,01	1,747		Spuren		-
80	Mező-Bodouer ...	88,535	62,061	0,3237	1,2153	6,803	0,1102	0,4149	4,3245	1,0270	23,74	1,770		Spuren		-
81	Somosder, I. Classe	88,713	28,325	0,1473	0,5534	9,340	0,1503	0,5673	4,2245	0,7814	18,40	1,774		Nichts		
82	Esseder, ausgewählt	87,738	60,053	0,3147	1,2205	12,323	0,1996	0,7018	4,3884	1,0652	23,90	1,747	4,1537	0,005578	—	1,075
83	Dombiratos - Arader	87,88	43,600	0,2270	0,8615	8,370	0,1357	0,5147	4,703	1,1015	24,40	1,757	4,2216	0,005675	—	1,088
84	Rátkaer	89,18	52,800	0,2740	1,0225	5,447	0,08821	0,7208	4,204	0,9867	23,47	1,789	1,7053	0,002291	-	0,432
85	Verpeléter	89,859	16,550	0,0675	0,3164	4,154	0,06647	0,2451	4,5510	0,8621	18,94	1,702		Nichts		—
86	Csokajor	88,40	65,150	0,3380	1,2707	7,803	0,1264	0,4776	4,5204	1,2230	27,04	1,778		Nichts		—
87	Obrovásser	90,488	25,257	0,1312	0,4836	17,415	0,2821	1,0895	4,4205	0,9447	21,37	3,619		Nichts		-
88	Somosder, ausgewählt	88,25	43,600	0,2270	0,8574	12,770	0,20687	0,7815	4,7140	0,8037	18,58	1,745		Nichts		—
89	Ér-Mindszenter ..	89,750	21,685	0,1127	0,4218	16,919	0,2741	1,0217	4,2535	0,8225	19,32	1,7052	3,4013	0,00465	—	0,880
90	Csikfalvaer	88,364	35,222	0,1871	0,7060	13,342	0,2161	0,8152	4,1921	0,8494	20,26	3,535	12,555	0,016800	—	1,008
91	Németság-Arader...	87,540	35,991	0,1871	0,7127	14,500	0,2325	0,8857	4,4720	0,9863	22,05	1,7508		Nichts		
92	Mező-Bodener ..	87,800	60,530	0,3147	1,1946	9,522	0,15425	0,5855	4,3020	0,9231	21,45	1,7562		Spuren		
93	Érmindszenter	92,431	26,852	0,1396	0,5034	16,636	0,2699	0,9101	4,482	0,9085	20,27	3,507	14,700	0,019478	—	1,800
94	Paradiesomer	88,962	51,326	0,2669	1,0004	9,904	0,1604	0,6019	4,288	0,9832	22,92	3,538	3,5827	0,004813	—	0,456
95	Rakamazer ...	91,178	57,460	0,2988	1,0924	12,070	0,1955	0,7178	4,485	1,0709	23,87	3,647	8,7814	0,01117	—	1,088
96	Sarkad-P.-Nyéker	87,137	74,330	0,3865	1,4787	15,507	0,2512	0,9610	4,212	0,9183	21,81	3,485	9,8000	0,01287	—	1,244
97	Billéter	88,924	45,123	0,2350	0,8809	17,244	0,2700	1,0470	4,377	1,1087	25,09	3,557	21,7415	0,02780		2,700
98	Álmosder	90,064	52,760	0,2743	1,0152	12,576	0,2037	0,7539	4,351	1,1412	26,22	3,002	2,6787	0,003578	—	0,334
99	Blumenthaler .	91,038	34,486	0,1792	0,6502	14,378	0,2329	0,8528	4,580	1,0272	22,41	3,641	7,0015	0,009405	—	0,875
100	Kércser	90,924	40,059	0,2083	0,7887	8,121	0,13156	0,4846	4,421	0,9853	22,24	3,015	1,4298	0,002016		0,187
101	Uj-Sz.-Annaer	89,748	65,150	0,33867	1,258	11,704	0,1896	0,7042	4,216	0,9507	22,58	3,590	9,2463	0,01243	—	1,180
102	Pacsaber	93,406	72,707	0,3785	1,397	12,467	0,2019	0,7444	4,4732	1,1340	25,35	3,016	18,170	0,02441	—	2,274
103	Ér-Endréder ..	93,616	49,734	0,2589	0,9218	11,704	0,1896	0,6751	4,5354	0,9513	26,00	3,754		Spuren		—
104	Majláthfalvaer	88,507	54,394	0,2828	1,0651	7,631	0,1236	0,4655	4,275	0,8690	20,32	3,540	4,074	0,005472	—	0,520
105	Petrovoszellóer	89,04	92,73	0,4822	1,7872	14,257	0,2309	0,8557	4,4705	1,1104	24,83	1,799	3,833	0,005158	--	0,911
106	Jánosházer ...	87,350	65,150	0,3386	1,292	9,413	0,1525	0,5810	4,1443	0,9932	23,96	1,747		Spuren		---
107	Nagy-Jécsaer	90,611	29,852	0,1552	0,5730	9,207	0,1491	0,5460	4,552	1,1641	25,58	1,814	2,5449	0,003418		0,634
108	Szerb-Keresztúrer	91,08	51,312	0,2668	0,9765	8,248	0,1337	0,4893	4,0022	1,0885	21,65	1,8218	12,403	0,01678		3,104
109	Csikfalvaer ..	90,67	52,202	0,2719	0,9966	14,654	0,2380	0,8750	4,5244	0,8523	18,70	1,819		Spuren		--
110	Buffler..	87,72	5,384[1]	0,028	0,2128	8,854	0,1451	1,0875	4,403	1,3113	29,83	1,3514		Nichts		
111	Havanna	88,130	1,538[1]	0,098	0,0850	6,500	0,1053	0,7906	4,260	1,0658	25,01	1,7625		Nichts		-
112	Connecticut	93,40	3,026[1]	0,0159	0,1141	9,783	0,1585	1,1313	4,7801	1,3631	28,53	1,868		Nichts		
113	Laplata	89,16	12,307[1]	0,0639	0,4786	4,711	0,07631	0,5630	4,458	1,2104	27,35	–				—
114	Katahalmer	87,416	—	—	—	16,675[2]	0,27016	1,2313	4,490	0,9757	21,78	0,625	3,55	0,004555	0,01368	1,253
115	Kocsordoser .	90,77	—	—	—	7,627[2]	0,12355	0,5408	5,2763	0,9875	18,70	0,625	2,11	0,00273	0,00511	0,79
116	Osegeer ..	91,17	—	—	—	7,0156	0,1283	0,5405	5,210	0,8701	17,145	0,625	2,110	0,00273	0,00810	0,7216
117	Connecticut Virg.	89,12	15,287	0,07981	0,2958	19,400	0,3152	1,3700								
118	" vergohren	87,58	32,064	0,16668	0,6347	14,642	0,2372	0,9033	22,98	4,759	21,08					[3]

[1] In 15 CC. [2] In 25 CC. [3] 1873-er Gewächs.

Nr.	Name des Tabaks	Trockensubstanz %	Ammoniak: in 20 g $^1/_{10}$ Aeq. H_2SO_4	Ammoniak: NH_4O in g	Ammoniak: % Ammoniak in der Trockensubstanz	Nicotin: in 20 g $^1/_{10}$ Aeq. H_2SO_4	Nicotin: Nicotin in g	Nicotin: % Nicotin in der Trockensubstanz	Asche: g der untersuchten Substanz	Asche: hierin Asche in g	Asche: % Asche in der Trockensubstanz	Salpeter als KNO_3 berechnet: g der untersuchten Substanz	NO in C. %	NO in g	KNO_3 in g	KNO_3 in %
119	Havanna unvergohr.	90,37	10,619	0,05512	0,2077	17,051	0,2008	1,07265	19,88	3,5254	17,97					
120	„ vergohren	88,41	26,744	0,1007	0,7243	14,834	0,2403	0,9080								
121	Bofáer unvergohr.	88,35	11,275	0,05603	0,2312	26,045	0,4365	1,647	13,252	3,0869	27,84					
122	„ vergohren	91,13	27,040	0,1445	0,5158	17,343	0,3809	1,064								
123	Szolnoker unvergohr.	87,54	8,652	0,04405	0,1713	18,264	0,3159	1,1268	19,25	3,524	18,507					
124	„ vergohren	87,63	25,37	0,13286	0,5057	7,063	0,1289	0,4903								
125	Laplata unvergohr.	90,57	18,616	0,09680	0,3563	20,865	0,3381	1,2449	22,64	4,316	19,19					
126	„ vergohren	90,35	22,087	0,11580	0,4270	15,142	0,2465	0,9108								
127	Cuba	90,275	34,886	0,1814	0,6678	31,2103	0,50622	1,8690	2,740	0,0482	23,4	1,8055	5,9035	0,0079307	0,024726	1,4602
128	Szolnoker	91,537	29,478	0,1532	0,5582	28,9572	0,46908	1,7085	3,591	0,859	23,92	1,0903	3,01731	0,0046535	0,013860	0,8378
129	Virginier	89,875	49,321	0,2565	0,9512	37,6268	0,63922	2,3614	22,448	4,312	19,20	--	—	—		
130	Szolnoker Gipfelblatt	90,014	21,804	0,01384	0,4216	14,0868	0,22784	0,8813	22,503	4,601	20,45	—	—	—	—	—
131	Debreczener	87,694	56,891	0,2758	1,1246	22,2468	0,36038	1,3702	Die Adern wurden behufs der Nicotinbestimmung ausgeschnitten. In der zurückgebliebenen Blattmasse konnte die Asche nicht bestimmt werden.			1,7330	2,8090	0,0038543	0,012089	0,740
132	Szent-Miklóser	88,885	7,824	0,04068	0,15258	2,7150	0,04488	0,1880				3,555	2,1086	0,002331	0,01896	0,3064
133	Türkisch. Basa Tabak	90,636	9,812	0,05102	0,1874	3,5702	0,05798	0,2191				1,814	2,8425	0,003550	0,0119635	0,6595
134	Virginier	88,132	17,522	0,09007	0,3406	0,8865	0,01498	0,0543				1,7626	2,5178	0,0033825	0,011398	0,6467
135	Muskateller	89,965	34,146	0,17755	0,6632	0,6701	0,01090	0,0405				—	—	—		—
136	Szamosháter	88,295	46,141	0,22743	0,9079	24,4856	0,03966	1,4074				1,705	1,9809	0,002651	0,008745	0,5125
137	Siklaer	91,573	34,256	0,17833	0,6491	11,352	0,18384	0,6604	--	—	18,13	1,9814	6,51201	0,0087382	0,029515	1,6115
138	Puszta-Sz.-Tornyaer	94,355	19,015	0,09887	0,3492	8,6217	0,13968	0,4934	--	–	23,00	1,887	6,0144	0,0080667	0,02721	1,4414
139	Ujkigyóser	97,748	73,055	0,38455	1,3168	12,0976	0,18476	0,6672	—		21,64	2,020	7,5715	0,010172	0,034279	1,1738
140	„ Deckblatt III. Cl.	97,617	33,503	0,17317	0,5913	9,2400	0,14976	0,51174		—	21,23	1,052	3,3315	0,004475	0,015086	0,7727
141	„ „ I. „	97,412	60,156	0,31270	1,0704	16,0372	0,2595	0,8885	-		22,51	1,048	2,9901	0,004020	0,013578	0,6909
142	Gyula-P.-Remeteer	95,180	99,753	0,51816	1,8182	19,5074	0,3159	1,1007	–		16,19	0,0518	7,1054	0,0095455	0,032168	3,3726
143	Mező-Paniter	99,958	8,040	0,04405	0,15102	11,0290	0,1784	0,6327	—			4,00	Spuren			--
144	Csetneker	95,784	17,001	0,88405	0,3083	8,2384	0,1339	0,4670	-	–		1,0117	2,418	0,003218	0,01085	0,5726
145	Tabaksamen	93,055	3,474	0,01700	0,0644	6,6868	0,10848	0,3880	25 g	1,191	1,77	--	Spuren			—
146	„	92,164	3,7944	0,01972	0,0715	4,8414	0,07856	0,2837				—	Spuren			—
147	„	93,24	4,614	0,0240	0,0043	4,924	0,07976	0,2138	4,009	0,1842	3,051	—	—	—	—	—
148	Puszta-Sz.-Tornyaer	96,406	85,033	0,44910	1,5290	18,9504	0,30696	1,0618	—	—	22,65	1,4469	4,3163	0,005798	0,019586	1,3420
149	Adern aus 137	—	20,467	0,10643	0,4257	4,739	0,0767	0,3071	--		—	—		—	—	--
150	Adern aus 148	—	21,129	0,10987	0,4335	5,4751	0,0887	0,3547	--		—	--	—	—	—	
151	Adern aus 141	96,590	35,054	0,18228	0,7557	10,0438	0,1627	0,6744		—	—	0,965	8,0045	0,016404	0,05525	4,0051
									Adern von 128			1,81	11,200	0,015048	0,050706	2,7554
									Adern von 131			4,92	15,758	0,02117	0,071335	3,7158
									Adern von 132			2,00	10,1388	0,01362	0,04589	2,2948
									Adern von 133			1,00	8,01876	0,0107725	0,036303	3,6303
									Adern von 134			0,92	4,0651	0,0054612	0,018401	2,0004

Der Tabakaschengehalt von 137, 138, 139, 140, 141 und 142 wurde von Seite der Versuchsstation bestimmt.

Hiernach enthalten ungarische Tabaksorten im Mittel: 8,2162 G. Th. Ammoniak; 7,5269 G. Th. Nicotin; 23,87 G. Th. Asche und 7,1085 G. Th. Salpeter in 1000 G. Th. Trockensubstanz.

[1] 1873er Gewachs. [2] Wurden beim Trocknen wahrscheinlich nass, deshalb der geringe Nicotingehalt. [3] In 40 g frischen Samen. [4] In 25 g. [5] Auf lufttrockene Substanz bezüglich.

festgestellt worden, aber es scheint sehr wahrscheinlich, dass er hiebei nicht indifferent bleibt.

Nach Beendigung der oben mitgetheilten Analysen hatte mein College, Herr Professor Emerich Deininger, die Freundlichkeit, Kostproben vorzunehmen. Er classificirte die Brennbarkeit, den Geschmack, das Aroma der untersuchten Tabaksorten. Um nun möglichst unparteiisch hiebei zu Werke zu gehen, erfuhr Herr Deininger vor erfolgter Kostprobe nichts weiter von dem Tabak, als dessen laufende Nummer im Analysen-Register. Bei der Probe wurden sämmtliche Tabake in gleichmässig ziemlich grob geschnittenem Zustande verwendet und aus dem Tschibuk geraucht.

Solche Kostproben, sollen sie wirklich durch relative Zahlenwerthe entsprechend classificirt und richtig beurtheilt werden, haben ihre Schwierigkeiten. Denn ein und derselbe Tabak kann je nach der subjectiven Disposition, je nachdem vor oder nach der Mahlzeit die Probe stattfindet etc. etc., von ein und derselben Person sehr verschieden beurtheilt werden. Indessen kann ich im Grossen und Ganzen constatiren, dass die Kostprobe zu der analytischen Probe eine bestimmte Beziehung hervortreten liess, die sich folgendermassen ausdrücken lässt.

Die Stärke des Tabaks hängt von dessen Nicotingehalt ab, sie nimmt mit diesem zu. Indessen erscheinen schlecht brennbare Tabake bei einem verhältnissmässig niederen Nicotingehalte weit stärker, als Tabake von höherem oder hohem Nicotingehalte, die aber gleichzeitig gut und leicht brennbar sind. Ferner sind ammoniakreiche Tabake stärker als jene, in denen der Ammoniakgehalt ein geringer ist.

II. THEIL.

ANALYSEN DER TABAKASCHE.

DIE ASCHEN-ANALYSEN IM ALLGEMEINEN.

Dass die chemische Analyse der Pflanzenasche sowohl in pflanzenphysiologischer, als auch in landwirthschaftlicher Beziehung von grosser Wichtigkeit ist, braucht wohl nicht erst auseinander gesetzt zu werden. Hier sei blos bemerkt, dass eben diese Analysen die Ernährungsgesetze der Pflanzen begründen halfen und dass die Frage des landwirthschaftlichen *Gleichgewichtes* erst gelöst werden konnte, nachdem man mittelst analytischer Untersuchungen den Bedarf an Pflanzennährstoffen eruirt, die zweckmässige Aufeinanderfolge der Culturpflanzen im landwirthschaftlichen Turnus erkannt hatte u. s. w.

Das bei den Aschenanalysen befolgte Verfahren ist aber ein sehr verschiedenes. Es gibt Methoden, welche auch den strengsten Anforderungen der Wissenschaft entsprechen, und andere, deren Resultate keine Gewähr der Zuverlässigkeit bieten. Welche Methode bei der Analyse der Tabakasche zu wählen ist, wird klar werden, wenn wir die Vor- und Nachtheile der verschiedenen Methoden klargestellt haben werden.

Die Aschenanalyse durch Titration. Die Titration als analytische Methode verdient ohne Zweifel volle Beachtung, denn sie verbindet in vielen Fällen Schnelligkeit des Verfahrens mit Genauigkeit der Resultate in so hohem Grade, dass uns nichts zu wünschen übrig bleibt, wie z. B. bei Chlor-, Jod-, Silber und Eisenbestimmungen, ferner in der Acidimetrie und Alkalimetrie.

Aschenbestimmungen sollten aber nie auf dem Wege der Titration ausgeführt werden, obzwar dieses in neuester Zeit thatsächlich geschieht und selbst in besseren Lehrbüchern direct empfohlen wird.

Den ersten Fehler begehen wir gleich da, wo wir die in Wasser löslichen von den in Wasser unlöslichen Theilen der Asche trennen wollen. Durch einfaches Auslaugen kann man die Kaliumsalze vom kohlensauren Kalk u. s. w. nicht trennen, weil diese Körper miteinander Doppelsalze bilden, welche im Wasser schwer löslich sind. Wenn wir aber die Asche, um die Kaliumsalze zu gewinnen, in Wasser kochen, so wird das Kaliumcarbonat auf das Calciumphosphat, -sulphat u. s. w. lösend wirken; es entstehen einerseits Kaliumphosphat, -sulphat, -silicat, und andererseits Calciumcarbonat und die als unlöslich nachgewiesene Phosphorsäure, Schwefelsäure und Kieselsäure werden der Wahrheit nicht entsprechen, die neu entstandenen Verbindungen werden schon wegen ihres verschiedenen Molekulargewichtes zu fehlerhaften Resultaten Veranlassung geben. Wenn wir von einer und derselben Asche z. B. drei gleiche Portionen mit Wasser behandeln und zwar in der Weise, dass wir die erste Portion eine halbe, die zweite eine ganze und die dritte Portion drei Stunden lang kochen, hierauf aufs Filter bringen, den Rückstand gut auswaschen und den wasserlöslichen Theil auf dem Wasserbade abdampfen, austrocknen, gelinde glühen und der Wägung unterziehen, so werden wir finden, dass die erste Portion den allergeringsten, die dritte den grössten Rückstand ergibt, während der Kaligehalt bei allen drei Portionen sich ziemlich gleich hoch stellt. Das Plus der wasserlöslichen Substanz ergibt sich daher nicht aus dem Grunde, weil durch längeres Kochen die Kalisalze vollständiger extrahirt wurden, sondern darum, weil das Kaliumcarbonat, dessen Molekulargewicht verhältnissmässig gering ist, zum Theil in Kaliumphosphat, -sulphat und -silicat umgewandelt wird.

Besonders auffallend wird sich der eben erwähnte Fall zeigen, wenn wir die Asche, welche wir zuvor mit kohlensaurem Ammoniak oder mit Kohlensäure behandelt, um allenfalls gebildetes Calciumoxyd in die kohlensaure Verbindung über zu führen, mit heissem Wasser extrahiren, wobei anhaltendes Kochen fast unvermeidlich ist. Wenn wir nun die Alkalescenz dieses wasserlöslichen Theiles mittelst Titration bestimmen wollen, so werden wir in den seltensten Fällen übereinstimmende Resultate erhalten, auch stimmen diese Resultate mit demjenigen alkalischen Grad, der sich aus dem Kalium- und Natriumgehalt der Asche folgern lässt, nicht überein.

Das eben Gesagte ist so einleuchtend, dass ich es nicht für nothwendig erachte, die zahlreichen in dieser Richtung ausgeführten Beleganalysen anzuführen.

Nach alledem sah ich mich zu folgendem Verfahren der Aschenanalyse veranlasst:

2—3 Gramm Asche entsprechender, getrockneter und pulverisirter Tabak wurde in einer Platinschale im HUGERSHOF'schen Muffelofen je nach Bedarf 4—8 Stunden lang bei einer unter der Rothgluth liegenden Temperatur verascht. Die Asche wurde mit heissem Wasser auf einem mit Salzsäure gewaschenen Filter extrahirt, das Unlösliche auf dem Filter getrocknet und in der Platinschale über directem Feuer geglüht, um etwa unverbrannt gebliebene Kohle vollständig zu verbrennen. Hiebei ist die Befürchtung eines Verlustes nicht vorhanden, da ja die Alkalien und das Chlor bereits beseitigt sind. Hierauf wurde die wässerige Lösung mit einer Lösung von Ammoniumcarbonat versetzt und sammt dem unlöslichen ausgeglühtem Rückstand auf dem Wasserbade zum Trocknen eingedampft und schliesslich bei gelinder Wärme getrocknet, geglüht und gewogen. In dieser Weise gelingt es eine fast vollständig weisse Asche zu erzielen, welche, da sie keine unverbrannten Kohlentheile enthält, auch den grauen Stich nicht zeigt.

Die abgewogene Asche wurde jetzt in zwei dem Gewichte nach genau bekannte Theile getheilt, und zwar wurde der kleinere Theil in Salpetersäure gelöst und das Chlor bestimmt, in dem grösseren Antheil aber nach dem Auflösen in Salzsäure ausser dem unlöslichen Sand auch CaO, MgO, Fe_2O_3, K_2O, Na_2O, SO_3 und P_2O_5 in folgender Weise bestimmt:

Der zweite Antheil (1·5—2 Gramm Rohasche) wurde in ein mit einem umgekehrt darüber gestülpten Trichter versehenes Becherglas gespült, sodann mit überschüssiger Salzsäure versetzt, gekocht, in eine Porzellanschale umgegossen und behufs Abscheidung der SiO_2 auf dem Wasserbade zur Trockne verdampft, mit concentrirter Salzsäure befeuchtet, mit heissem Wasser übergossen, sodann einige Minuten gekocht und schliesslich auf ein mit Salzsäure ausgewaschenes Filter gebracht. Das Filtrat wurde in einem 200 c. c.-Kölbchen aufgefangen, während der Filterrückstand einigemal mit Wasser gewaschen, sodann getrocknet, geglüht und gewogen und das erhaltene Gewicht als Sand und Kieselsäure vom Gewichte der Asche in Abzug gebracht wurde.

Dieses Verfahren hat den Vortheil, dass, nachdem beim Einäschern eine vollständige Verbrennung erzielt wurde, es unnöthig ist, durch ein gewogenes Filtrum zu filtriren, was man sonst der Kohle halber thun müsste.

Das Filtrat wird nach vollständigem Erkalten genau auf 200 c. c. ergänzt. Aus 75 c. c. dieser Lösung habe ich in erster Linie das Eisen mit einem Theile der Phosphorsäure gefällt, und zwar in der Weise, dass ich zuerst Ammoniak in geringem Ueberschusse, sodann Essigsäure in grossem Ueberschusse hinzufügte, aufkochte und den Niederschlag auf einem Filter auswusch, trocknete, glühte und schliesslich sowohl den Eisen-, als auch den Phosphorsäuregehalt in Rechnung zog.

Die vom phosphorsauren Eisen abfiltrirte Lösung wurde in folgender Weise weiter behandelt: sie wurde behufs Fällung des Kalkoxalates mit oxalsaurem Ammoniak versetzt, der Niederschlag auf dem Filtrum ausgewaschen, getrocknet und gelinde geglüht, sodann mit kohlensaurem Ammoniak befeuchtet, um allenfalls gebildetes Calciumoxyd in die kohlensaure Verbindung über zu führen und schliesslich als kohlensaurer Kalk gewogen.

Die vom Kalkniederschlag abfiltrirte Lösung wurde mit Ammoniak gesättigt; hiebei fiel phosphorsaure Ammoniak-Magnesia, welche nach dem Glühen als Magnesiapyrophosphat gewogen wurde. Es resultirten der zweite Theil der Phosphorsäure und der erste Antheil Magnesia.

Die vom Niederschlag abfiltrirte Flüssigkeit wurde mit Natriumphosphat versetzt, wobei der zweite Antheil der Magnesia fiel.

Aus dem 200 c. c.-Kölbchen wurden nun abermals 75 c. c. Aschenlösung herausgehoben, aus welcher die Schwefelsäure mit Chlorbaryum in möglichst geringem Ueberschusse ausgefällt wurde. Die von dem Barytsulphat abfiltrirte Flüssigkeit wurde mit überschüssigem Eisenchlorid versetzt, fast zur Trockene verdampft, sodann mit einer wiederholt gereinigten alkalifreien Kalkmilch versetzt, mit heissem Wasser versetzt, aufgekocht, sodann filtrirt. Aus dem Filtrate wurde der Kalk mittelst Ammoniumcarbonats und einiger Tropfen Ammoniumoxalat gefällt, filtrirt, das Filtrat zur Trockene verdampft, der Rückstand getrocknet und behufs Entfernung der Ammoniumsalze geglüht, der Rückstand abermals in Wasser gelöst, die Lösung in üblicher Weise gereinigt, schliesslich in einer Platinschale zur Trockene gebracht und gelinde geglüht. Die so erhaltenen *Chloralkalien* aber wurden gewogen. Das Chlorkalium wurde mittelst Platinchlorid vom Chlornatrium getrennt.

Die Chlorbestimmung wurde in bekannter Weise mit der ersten, also in verdünnter Salpetersäure gelösten Aschenportion ausgeführt. Es wurde nicht versäumt, die Filterasche, welche etwas reducirtes Silber enthielt, in einigen Tropfen Salpetersäure zu lösen, mit Salzsäure auf dem Wasserbade zu verdampfen und schliesslich schwach bis zum beginnenden Schmelzen zu erhitzen.

Von der Lösung wurden 75 c. c. zur Abscheidung der Phosphorsäure verwendet und zwar in der folgenden Weise.

Nach dem Hinzufügen von überschüssigem Eisenchlorid wurde mit Ammoniak übersättigt und so lange gekocht, bis die entweichenden Dämpfe das Curcumapapier nicht mehr bräunten. Hierauf wurde filtrirt, der Niederschlag, welcher nebst phosphorsaurem Eisen auch $Fe_2(OH)_6$ enthielt, neuerdings in einigen Tropfen Salzsäure gelöst, mit Ammoniak gefällt und gekocht, damit die mit dem ersten Niederschlag mitgerissene kleine Kalkquantität in Lösung gehe. Der Niederschlag wurde hierauf in Salpetersäure gelöst und mit Molybdänsäure, hernach mit Magnesiamixtur in gewöhnlicher Weise die Bestimmung vorgenommen.

Der Kalk wurde zweimal mit oxalsaurem Ammoniak gefällt, damit die Magnesia vollständig getrennt werde. In dieser Weise häuft sich jedoch sehr viel Salmiak in der Lösung an, in Folge dessen die Abscheidung der Magnesia mittelst phosphorsauren Natrons zum Theile gehindert wird. Deshalb wurde das Filtrat vom oxalsauren Kalk auf dem Wasserbade zur Trockene gebracht und der Salmiak weggeglüht. Nach dem Lösen des Glührückstandes in einigen Tropfen Salzsäure konnte nun ohne Gefahr des Verlustes die Magnesia mit Natriumphosphat gefällt werden.

Der Kalk wurde nicht als Carbonat, sondern als Oxyd gewogen, nachdem der getrocknete Niederschlag 18—20 Minuten lang über dem Gebläse bis fast zur Weissgluth erhitzt wurde.

Zur Bestimmung des Chlors und der Schwefelsäure wurden 10 Gramm Tabakpulver in ein unten mit Watte verstopftes Rohr gefüllt und daselbst mit verdünnter Salpetersäure extrahirt. Ursprünglich habe ich diese Bestimmung in der Weise ausgeführt, dass vor allen Dingen das Chlor mit Silbernitrat ausgefällt, aus dem Filtrat das überschüssige Silber mittelst Salzsäure entfernt und schliesslich unter Kochen mit Chlorbaryum die Schwefelsäure gefällt wurde.

Es ist nicht unversucht geblieben, zuerst die Schwefelsäure mit Barytnitrat zu fällen und in dem Filtrate sodann mit salpetersaurem Silber das Chlor zu fällen. Jedoch ergab es sich, dass alsdann das Barytnitrat einen verhältnissmässig sich schwer absetzbaren Niederschlag liefert.

Diese Analysen sollten in erster Linie mit den von Will und Fresenius ausgeführten Analysen der Asche ungarischer Tabaksorten, sowie mit jenen Tabakaschen-Analysen (siehe Tabelle VII und VIII) verglichen werden, welche an der mit der Ungarisch-Altenburger landwirthschaftlichen Akademie in Verbindung stehenden Versuchsstation ausgeführt wurden. Diese letzteren sind bisher nirgends publicirt. Ich verdanke die Daten der Freundlichkeit meines Collegen Dr. Ulbricht der mir das Arbeits-Journal der Versuchsstation mit grosser Bereitwilligkeit zur Verfügung stellte. Schliesslich wurden meine Analysen mit den von Dr. Kodweiss ausgeführten Aschenanalysen verglichen. Aus 51 Aschenanalysen ungarischer Tabaksorten wurden die Mittelwerthe berechnet. Das Resultat ist folgendes:

100 Gewichtstheile Tabak-Trockensubstanz enthalten im Durchschnitt 15·75 Gewichtstheile (Maximum 22·93 — Minimum 10·9 Gewichtstheile) Reinasche.

100 Gewichtstheile Reinasche enthalten:

Kaliumoxyd	im Mittel	**23.66**	Gew.-Th.	(max. 43.55	min. 11.43)
Natriumoxyd	„	**2.39**	„	„ („ 10.09	„ 0.03)
Calciumoxyd	„	**45.46**	„	„ („ 60.5	„ 27.30)
Magnesiumoxyd	„	**13.24**	„	„ („ 24.8	„ 6.1)
Phosphorsäure	„	**5.38**	„	„ („ 10.59	„ 1.27)
Schwefelsäure	„	**4.27**	„	„ („ 10.5	„ 1.63)
Chlor	„	**4.00**	„	„ („ 19.53	„ 0.53)

Diese Zahlen zeigen zur Genüge jene ausserordentlichen Schwankungen, welche für die Asche der Tabakpflanze charakteristisch sind.

DIE ENTWICKLUNG DER TABAKPFLANZE.

Trotz des allgemeinen Interesses und der vielseitigen Wichtigkeit ist die Entwicklung der Tabakpflanze bisher noch nicht in gebührender Weise studirt worden. BOUSSINGAULT allein war es, der schon vor längerer Zeit sich mit dem Gegenstande beschäftigte und der zu folgenden Resultaten gelangte. (ARNSTEIN, Allgem. Landw. Zeitung, 1858, Nr. 32.) Er untersuchte die Pflanze in drei Entwicklungsstadien.

Diese Untersuchungen erstrecken sich indess nicht auf die näheren Bestandtheile der Pflanze. Auch sind die Zeiträume zwischen den Ernten zu gross, weshalb ich es für nothwendig hielt, die Versuche su wiederholen.

Die beigefügte VI. Tabelle enthält die im Jahre 1879 mit Material vom Versuchsfelde der Akademie erlangten Resultate. Obzwar die Zahlen eines Commentars nicht bedürfen, kann ich dennoch nicht umhin, auf dieselben hier näher einzugehen:

Die Untersuchung erstreckt sich über sechs Entwicklungsperioden, und zwar 1. auf Material vom 31. Mai, wo die im Warmbeet gezogenen Pflänzchen in die trockene Erde umgepflanzt wurden; 2. auf solche vom 21. Juni; 3. vom 13. Juli; 4. vom 25. Juli, Anfang der Blüthe; 5. vom 16. August, nach beendeter Blüthe, und 6. vom 17. September, zu welcher Zeit schon die Samen zum guten Theil reif waren.

Zwischen der ersten und zweiten Zeitperiode, also in 21 Tagen, beträgt die Gewichtszunahme 3·5069 Gramm, also der tägliche Zuwachs 0·167 Gramm. Zwischen der zweiten und dritten Periode ist der tägliche Zuwachs 1·2786 Gramm. An den darauf folgenden 12 Tagen erreicht der Zuwachs schon 29·32 Gramm, pro Tag also 2·443 Gramm. Vom 25. Juli bis 16. August betrug der Zuwachs 173 Gramm, mithin der tägliche 7·9 Gramm, während in dem Zeitraume vom 16. August bis 17. September, also in 32 Tagen, eine Gewichtsverminderung von 30 Gramm, also täglich nahezu von 1 Gramm sich einstellte. Die letzte Thatsache erklärt sich aus dem Umstande, dass die unteren Tabakblätter, welche nicht abgelöst wurden, vertrockneten und von der Pflanze sich lösten; zudem ist in dieser Zeit die Blüthenperiode beendet und die abfallenden Blumenblätter bewirkten ebenfalls einen Gewichtsverlust. Diese Beobachtung stimmt übrigens mit der an mehreren Pflanzen bereits constatirten Thatsache, dass mit der Blüte die Pflanzenproduction aufhört. Die Function der Pflanze beschränkt sich von nun an darauf, die aufgenommenen Bestandtheile ihrem Bestimmungsorte zuzuführen, dieselben entsprechend umzugestalten und abzulagern. Während dieser Thätigkeit athmet die Pflanze fort und die nothwendige Folge ist ein Gewichtsverlust.

Bei der Besprechung der näheren Bestandtheile der Tabakpflanze können wir zunächst den Wassergehalt in Betracht ziehen. Derselbe steht mit dem Alter der Pflanze im Zusammenhange, insofern mit dem zunehmenden Alter eine stete Abnahme des Wassers zu constatiren ist.

Bei weitem interessanter gestaltet sich das Bild, welches die Veränderungen des Nitrogengehaltes darboten.

Vor der Blüthe ist die Thätigkeit der Tabakpflanze vorzüglich auf die Bildung nitrogenhaltiger Eiweissstoffe gerichtet, wenn hernach die Blätter ihre natürliche Grösse erlangt haben, ist die Assimilation auf die Bildung stickstofffreier Substanzen und zwar mit solcher Energie gerichtet, dass die Bildung von Eiweiss-Substanzen in den Hintergrund gedrängt wird. Stickstoffhaltige Substanzen werden zwar auch noch jetzt gebildet, aber die stickstofffreien Substanzen werden in weit grösserer Menge erzeugt, in Folge dessen das Verhältniss für die Eiweissstoffe ungünstiger ausfällt. Dass übrigens der Stickstoffgehalt in der Pflanze nicht gleichmässig vertheilt ist, dass vielmehr die Eiweissstoffe in die Samen wandern, ist aus der V. Tabelle klar ersichtlich.

Was den Nicotingehalt betrifft, so enthalten die jungen Pflänzchen kaum Spuren dieses Alkaloids und in den ersten 21 Tagen hebt sich derselbe kaum wahrnehmbar, später ist eine continuirliche Zunahme wahrzunehmen und in dem letzten Stadium eine auffallende Abnahme zu constatiren. Es ist möglich, dass die Blätter im letzten Stadium zu welken beginnen und dem Regenwasser nicht mehr zu widerstehen vermögen.

Der *Ammoniakgehalt* kann an dieser Stelle kaum in Betracht gezogen werden, denn der frische, grüne Tabak enthält ausserordentlich wenig Ammoniak und für den getrockneten Tabak wurde nachgewiesen, dass es ein secundäres Product ist.

In Betracht zu ziehen ist hingegen die Salpetersauremenge, welche die Annahme zu rechtfertigen scheint, dass der Tabak das Nitrogen der Nitrate kaum zu verarbeiten vermag; denn wäre ihm dies möglich, so müsste derselbe, da dieser Stickstoff dem Pflanzenorganismus ja zur Verfügung steht, auch verbraucht werden; die relative Abnahme der Eiweissstoffe dürfte also nicht eintreten. Dies ist jedoch nicht der Fall; es steigt vielmehr der Gehalt der Pflanze an Nitraten, während die Menge der Eiweissstoffe eine relative Verminderung erfährt.

Der *Aschegehalt* steigt in absolutem Sinne sehr rasch, nur in der letzten Periode ist eine Abnahme wahrzunehmen, was man namentlich dem Abfallen der unteren Blätter, der Blumenblätter und etwa dem Samen zuschreiben könnte.

Ein lehrreiches Bild geben die Tabellen VI und VI *b*. In der erstgenannten Tabelle finden wir die Mengen der einzelnen Aschenbestandtheile und der organischen Substanzen, in der letztgenannten Tabelle hingegen die gegenseitigen Verhältnisse der einzelnen Aschenbestandtheile.

Es sei indess bemerkt, dass die Analysen nichts Neues bieten. Die hier nachgewiesenen Regelmässigkeiten stimmen vollkommen mit denen durch Andere bei anderen Pflanzen nachgewiesenen überein. Eine Ausnahme machen blos die am 25. Juli erhaltenen Resultate, namentlich die Abnahme der Kalium-, Kalk-, und Phosphorsäuresalze. Dem gegenüber ist die Zunahme des Magnesiums, der Schwefel- und Kieselsaure etwas so Unerwartetes, dass dies zu motiviren ich mich ausser Stande fühle. Die Witterungsverhältnisse geben hierzu keinen Anhaltspunkt; auch kann man die Verschiedenheit der Ackererde nicht als Ursache anführen.

DIE VERTHEILUNG
DES NITROGENS UND DER ASCHENBESTANDTHEILE IN DER TABAKPFLANZE.

(1878er FECHSUNG.)

Nach dem Bisherigen dürfte es von Interesse sein, die Pflanze in vollkommen entwickeltem Zustande eingehender zu studiren. Aehnliche Untersuchungen sind an der Tabakpflanze bisher überhaupt nicht ausgeführt worden und die Zahlenwerthe zeigen, dass die Resultate weit interessanter sich gestalten, als die bisher bekannten ähnlichen Angaben. Es ist zu bedauern, dass die Versuche nicht in jeder Beziehung als unantastbar bezeichnet werden können. Es konnten die einzelnen Pflanzenbestandtheile leider nicht sogleich nach erfolgter Ausgrabung der Pflanzen von einander getrennt werden, aus welchem Umstande zwei Nachtheile erwachsen, und zwar:

1. dass die Vertheilung des Wassergehaltes nicht beobachtet werden konnte;

2. dass die Blätter u. s. w. an den Stengeln getrocknet sind; beim Trockenprocesse entziehen aber die rasch transpirirenden Organe den langsamer verdunstenden die in Wasser löslichen Substanzen, und so entsprechen die Resultate nicht genau jenem Zustande, in welchem die Pflanze sich thatsächlich im Momente ihrer Herausnahme aus der Erde befand.

Die grösste Abweichung indessen zeigen die Blätter, jene Organe, die am raschesten die Verdampfung bewerkstelligen. Dieser Uebelstand ist aber durch die im Jahre 1877 ausgeführten Düngungsversuche, welche sich auf Blätter von verschiedenem Alter der im ungedüngten Boden gewachsenen Tabakpflanze beziehen, beseitigt.

In erster Linie verdient die ungleichmässige Vertheilung des Nitrogens unsere volle Aufmerksamkeit. Der Nitrogengehalt schwankt zwischen 0·798-5·346%, was jedenfalls sehr bemerkenswerth ist.

Wenn wir die Tabelle mit Aufmerksamkeit studiren, kommen wir unwillkürlich zu der Ansicht, dass je thätiger ein Pflanzentheil ist, desto grösser sei sein Stickstoffgehalt und umgekehrt. So enthalten die geringste Menge Nitrogen der Rumpf, die Wurzel-Krone. Schon etwas mehr enthalten die Seitenwurzeln, noch mehr die Faserwurzeln. Mithin steigt der Nitrogengehalt von oben nach unten; vom Rumpf in der Richtung nach abwärts steigt mit der Entfernung der Nitrogengehalt. Vom Rumpf nach aufwärts können wir dasselbe constatiren, wenn wir die Zweige, als die Fortsetzung des Rumpfes, ausser Acht lassen.

So enthalten die mittleren Blätter mehr Nitrogen als die unteren, die obersten mehr als die mittleren; das Maximum wird bei den Blüthen erreicht. Nachdem das Nitrogen das wichtigste Aufbau- und Reserve-Material der Pflanze ist, sollte man doch meinen, dass man sein Maximum in dem Samen antreffen werde. Dass dem aber nicht so ist, rührt daher, dass die Samen einen grossen Oelgehalt besitzen, welcher die Eiweissstoffe zurückdrängt. Dieser Umstand steht aber trotzdem mit jenem Principe nicht im Widerspruch, wonach die ganze Thätigkeit der Pflanze dahin gerichtet ist, in den Samen die Reservestoffe anzuhäufen und damit, dass das Ziel der Nitrogenwanderung die Samen sind. Andererseits ist es die Aufgabe der Eiweissstoffe, bei der Bildung von neuen Zellen das Protoplasma zu liefern und aus diesem Grunde finden wir die meisten stickstoffhaltigen Substanzen in den jungen Blättern und Blüthen, während die übrigen Theile unverhältnissmässig wenig davon enthalten.

Das Minimum der Aschenbestandtheile finden wir in den Wurzeln, Nebenwurzeln, in dem Rumpf und in der Krone, das Maximum in den Adern der unteren Blätter und in den unteren Blättern selbst. Zu dem nämlichen Resultat führten mich meine im Jahre 1876 ausgeführten Analysen. Ihre Zahlenergebnisse beziehen sich auf die reine kohlensaure Asche; da aber die Analyse, mit Ausnahme der Phosphorsäure, mittelst Titrirung ausgeführt wurde, und die einzelnen Bestimmungen bei der Controlbestimmung sich als ungenau erwiesen, so will ich nur die zuverlässigen Angaben mittheilen.

	Wurzelfasern	Nebenwurzel	Wurzelkrone	Rumpf	Zweige	Zweiggipfel	Alte Blätter	Alte Adern	Junge Blätter	Junge Adern	Blüthe
Kohlensaure Reinasche	11·033%	3·599%	6·185%	2·491%	5·611%	9·355%	25·73%	22·05%	12·384%	11·810%	11·950%
Phosphorsäure	18·515%	5·801	3·460	5·550	4·05	7·57	1·38	2·11	7·091	7·091	23·313

Es ist bekannt, dass bei der Vertheilung der Aschenbestandtheile andere Gesetze herrschen als bei der des Nitrogens. Das Nitrogen finden wir stets dort in grösserer Menge, wo sein Bedarf am grössten ist, während bei der Gesammtasche die Sache nicht immer so steht. Dass in den wasserverdunstenden Organen, also in den Blättern, die Kalk- und Magnesiasalze in bedeutender Anhäufung vorhanden sind, ist eher chemischen Nebenursachen als physiologischen zuzuschreiben. Das Kalium und die Phosphorsäure — als die werthvollsten Pflanzennährstoffe — sind thatsächlich in den thätigsten Pflanzenorganen und in den Reservemagazinen angehäuft.

DÜNGUNGSVERSUCHE.

Zur Durchführung dieser Versuche wurde eine Parzelle von einem Are (28□°) des Versuchsfeldes der landwirthschaftlichen Akademie gewählt. Die Parzelle hatte eine geschützte Lage; der Boden wurde durch Mischen und Wenden gleichmässig gemacht und schliesslich sorgfältig planirt. Ueber die chemische Zusammensetzung des Bodens und das Resultat der Schlämmanalyse giebt das folgende Aufschluss.

Hydraulische und chemische Untersuchung des Versuchsfeldes.

Die Schichtung des sorgfältig planirten Bodens, mittelst des Erdbohrers geprüft, ist in der Reihenfolge von oben nach unten folgende:

Oberkrume	25—30	c/m	tief. Hierauf folgen:
Lehmmergel	20	«	«
Sand	6	«	«
Lehm	5	«	«
Feinsand	90	«	«
Kies	85	«	«
Schwarzkies	12	«	«
Rothkies	15	«	«
Gerölle	92	«	«
	350—355	c/m	

Das Schlammen wurde mittelst des von ALEX. MÜLLER construirten und von F. SCHMIDT & HAENSCH in Berlin verfertigten Apparates ausgeführt. Diese Vorrichtung, die in FRESENIUS' Zeitschrift für analyt. Chemie XVI, p. 83 beschrieben ist, verdient es vor allen Vorrichtungen ähnlicher Art, dass sie unter den wissenschaftlichen Geräthschaften genannt werde.

Diese noch wenig benützte Vorrichtung besteht aus zwei verschieden grossen und rübenförmigen Schlämmgefässen, in welche die zu schlämmende Erde gebracht wird und in welche das Wasser von unten her aus einer MARIOTTE'schen Flasche zufliesst. Die Ausflussröhren dieser MARIOTTE'schen Flasche besitzen verschiedene Durchmesser, wodurch es ermöglicht wird, dass die bei sonst gleichem Drucke in der Zeiteinheit ausfliessende Wassermenge eine verschiedene ist. Wenn wir die pro Minute aus dem Schlämmgefäss ausfliessende Wassermenge durch die grösste Querschnittsfläche des rübenförmigen Schlämmgefässes dividiren, erhalten wir als Quotient die Ausflussgeschwindigkeit. Dadurch, dass wir das Ende der Ausflussröhre durch Schmelzen verengen oder durch Ausfeilen erweitern, sind wir nun in der Lage, die zu schlämmende Erde einer gradatim steigenden Wassergeschwindigkeit auszusetzen. So z. B. besitzt die grössere Rübe des mir zur Verfügung stehenden Apparates einen Querschnitt von 116·2 □c/m, die kleinere hingegen einen solchen von 29·25 □c/m.

Sechs Proben von je 20 Gramm (zusammen also 120 Gramm) lufttrockener Erde wurden nach je zweistündigem Kochen zuvörderst in die grössere Rübe gegeben und geschlämmt, alsdann aber mit dem Rückstande die Schlämmung in der kleineren Rübe fortgesetzt:

Combination des Ausflussrohres Nr. 2 mit der grösseren Rübe; Menge des ausfliessenden Wassers 60.8 c. c. pro Minute; Wassergeschwindigkeit im grössten Querschnitt der Rübe $\frac{60.8}{116.1}$ = 0.52 c/m; abgeschlämmt **24.670** Gr. Erde.

Ausflussrohr Nr. 3 mit derselben Rübe combinirt; 128.8 c.c. Wasserausfluss pro Minute: Wassergeschwindigkeit $\frac{128.8}{116.1}$ = 1.11 c/m; abgeschlämmt **23.267** Gramm Erde.

Röhrchen Nr. 5 $\frac{125.3}{116.1}$ = 2.16 c/m; abgeschlämmt **11.760** Gramm Erde.

Röhrchen Nr. 3 bei Anwendung der kleineren Rübe; Wassergeschwindigkeit $\frac{128.8}{29.25}$ 4.40 c/m; abgeschl. **21.314** Gr. Erde.

Rohr Nr. 5 $\frac{251.3}{29.25}$ = 8.59 c/m;	«	**6.048**	« «
Rohr Nr. 7 $\frac{386.7}{29.25}$ = 13.22 c/m;	«	**12.582**	« «
Rohr Nr. 9 $\frac{500}{29.25}$ = 17.09 c/m;	«	**3.773**	« «
Rest in der kleinen Rübe... ..		**15.333**	« «
Zusammen		**118.677**	Gr. Erde.

Die obigen Zahlen in Procenten ausgedrückt ergeben:

bei einer Wassergeschwindigkeit

von	0.52	c/m	pro	Minute	20.558%	feinster	Thon
«	1.11	«	«	«	19.339 «	—	
«	2.16	«	«	«	9.730 «	—	—
«	4.40	«	«	«	17.761 «		—
«	8.59	«	«	«	5.040 «	—	
«	13.22	«	«	«	10.485 «	—	—
«	17.09	«	«	«	3.144 «	—	—
	Rest	...	...		12.777 «	gröbster	Sand
	Zusammen				98.895%		

Alle diese Angaben entnehme ich dem Tagebuche der Versuchsstation. Für die Bereitwilligkeit, mit welcher mir mein College, Herr Dr. ULBRICHT, diese Zahlen zur Verfügung stellte, spreche ich ihm hier mit meinen verbindlichsten Dank aus.

Der eben besprochene Boden wurde mit starker Salzsäure extrahirt. Die Untersuchung des Extractes führte zu folgenden Resultaten. 100 Gewichtstheile des bei 110° getrockneten Bodens gaben an die Salzsaure folgende Bestandtheile ab:

Fe_2O_3 und Al_2O_3	7.422	Als Mittelwerthe der beiden von mir ausgeführten gut übereinstimmenden Analysen.
CaO	16.185	
MgO	6.100	
K_2O	0.401	
Na_2O	0.014	
P_2O_5	0.107	
SO_3	0.089	
SiO_2	0.805	

Spuren von Cl und Mn.

Organische Substanzen und chem. gebund. Wasser 10.637 %

Stickstoffgehalt des Bodens . 0.261 %

Das zu den Versuchen auserlesene 1 Are Feld wurde in 10 gleiche, je 10 □m betragende Parzellen getheilt. Die ersten vier Parzellen (I, II, III, IV) wurden, um Vergleiche ziehen zu können, nicht gedüngt. Die V. Parzelle erhielt 500 Gramm feingemahlenes Kaliumsulphat, die VI. Parzelle wurde mit 660 Gramm feingemahlenem Gyps gedüngt, die VII. Parzelle mit 660 Gramm Kochsalz, die VIII. Parzelle mit 180 Gramm Ammoniumsulphat, die IX. mit 330 Gramm Chilisalpeter (Natriumnitrat) und endlich die X. Parzelle erhielt 24 Kilo reifen Stalldünger. Die Parzellen wurden in den Jahren 1876 und 1877 in derselben Weise bearbeitet und mit denselben Düngern versehen.

Am 1. Juni wurden die Parzellen mit je 12 Tabakpflänzchen (Virginia) in gleichen Abständen von einander bepflanzt. Die Pflänzchen besassen beim Aussetzen 15—25 cm lange oberirdische Theile. Der Entwicklungsraum je einer Pflanze betrug 0·833 □m, was als vollkommen hinreichend sich erwies. Die Pflanzen haben sämmtlich Wurzel gefasst und wurden der entsprechenden Pflege theilhaftig: sie wurden zur gehörigen Zeit behauen und gehäufelt. Geköpft wurden sie zum Theil am 14., zum Theil am 24. Juli (1876), gegeizt am 22. und 24. Juli und am 9. August.

Die Lese der unteren Blätter erfolgte am 21. August, die der mittleren am 4. September und die der oberen am 27. September. Die Zeichen der beginnenden Reife wurden zuerst an der VI., VIII. und X. Parzelle wahrgenommen.

Bei den Versuchen von 1877 sind ebenfalls 12 Pflanzen pro Parzelle ausgesetzt worden und zwar am 1. Juni. Die Entwicklung erfolgte aber beträchtlich langsamer, demzufolge das Köpfen erst am 29. Juni in Angriff genommen werden konnte. Das Geizen begann am 28. und wurde wöchentlich bis Mitte August wiederholt. Auch die Reife begann etwas später; am 4.—5. September wurden die unteren Blätter, am 21. die oberen geerntet.

Ertragsmenge.

Name der Parzelle und Düngung	Gipfel- Tabak	Bestgut- Tabak	Mindere Gattung Tabak	Summa	Gipfel- Tabak	Bestgut- Tabak	Mindere Gattung Tabak	Summa
	g	g	g	g	g	g	g	g
I., III. Ungedüngt; gegeizt .	1280	795	224	2299	2120	2290		4410
II., IV. Ungedüngt; nicht gegeizt	422	902	698	2245				
Kalium-Sulphat; 500 g	—	675	290	965	4150 Gramm	520	330	850
Gyps; 660 g		912	228	1140		460	360	820
VII. Kochsalz; 660 g		700	290	990		490	340	830
VIII. Ammon.-Sulphat; 180 g	—	858	350	1208		550	300	850
IX. Chilisalpeter; 330 g		1042	268	1310		520	300	820
X Stalldünger; 24 Kilo				1239		420	270	690
Summa	Im Jahre 1876			11396 g	Im Jahre 1877			13420 g

Die Dimensionen der Blätter. Die Dicke der Blätter wurde mit der KRAFFT'schen Mikrometerschraube gemessen; jeder Parzelle entnahm ich fünf Mittelblätter, schnitt mittelst des MOHR'schen Korkbohrers je fünf Scheiben aus den Blättern, welche einzeln gemessen wurden, und verzeichnete das Mittel dieser Messungen. Die Scheiben wurden, wie aus der beiliegenden Zeichnung zu ersehen, an bestimmten Stellen den Blättern entnommen; die neben diesen angebrachten Zahlen entsprechen denen der Rubrik und sind Durchschnittsgrössen von je fünf Blättern.

Dimensionen der Blätter im Jahre 1877.

Nummer der Parzelle und Tabakfarbe	Breite $^{c}/_{m}$	Lange $^{c}/_{m}$	Product	Dicke in Millimetern					
				1	2	3	4	5	Durchschn.
V. Gelblichgrün	23.8	52	1236.6	0.170	0.150	0.123	0.140	0.135	0.145
VI. Havannabraun ...	23.8	42	991.6	0.155	0.145	0.190	0.150	0.145	0.143
VII. Hell havannabraun	21.3	50	1065.0	0.136	0.136	0.120	0.120	0.147	0.132
VIII. Hellroth	23.	45	1035	0.150	0.130	0.140	0.145	0.125	0.138
IX. Gelblichgrün	19.5	55	1072	0.160	0.135	0.150	0.149	0.155	0.150
X. Dunkelroth	25.5	41	1045	0.123	0.130	0.115	0.150	0.140	0.132
Im Durchschnitt	22.8	47.5	1083	0.149	0.133	0.128	0.142	0.141	0.140

Diese Tabelle illustrirt zur Genüge jenen bereits angedeuteten Einfluss, welchen die Düngstoffe auf die Grösse und Gestalt des Tabakblattes ausüben. Das Kaliumphosphat (V), das Kochsalz (VII), namentlich aber der Chilisalpeter (IX) bewirken vorzugsweise das Wachsthum der Blätter nach der Längsachse. Hingegen scheinen das Kaliumsulphat, der Gyps und besonders der Stalldünger das Wachsthum des Tabakblattes in die Breite zu befördern. Eine und dieselbe Tabakgattung mit Chilisalpeter gedüngt giebt schmälere und lange, mit Stalldünger gedüngt hingegen bedeutend breitere, aber kurze Blätter. Hiedurch wird die Form des Blattes beträchtlich geändert. Die dünnsten Blätter erzeugen das Kochsalz und der Stalldünger; Chilisalpeter und Kaliumphosphat tragen zur Bildung dicker Blätter bei. Im Uebrigen sind die Blätter nicht gleichmässig dick. Am dicksten ist die Blattspitze und am dünnsten ist der an dem Stamm haftende Theil. Wir finden, wenn auch in geringerem Maasse, auch in der Breitenrichtung der Blätter Unterschiede in der Dicke. Gegen den Rand hin ist das Blatt dicker als gegen die Mitte desselben. Die Blattdicke und die Dicke der Adern nehmen in entgegengesetzter Richtung zu. Zwischen dicken Adern treffen wir dünne Blatttheile an und umgekehrt. Ich empfehle diese Beobachtung der geneigten Aufmerksamkeit der Pflanzenmorphologen und Physiologen.

Die unter dem Einflusse von verschiedenen Dungmitteln gezogenen Tabaksorten wurden einer speciellen chemischen Untersuchung unterworfen; die Resultate finden wir in der III. und IV. Tabelle, welche alles das rechtfertigen, was ich im Vorher gehenden über die Wirkung der Dünger zu sagen Gelegenheit hatte.

DER EINFLUSS DES BODENS AUF DEN TABAK.

Um eine klare Vorstellung von dem Einfluss des Bodens auf den Tabak zu gewinnen, ist es nothwendig, dass wir unsere Aufmerksamkeit auf die Wurzeln lenken, als auf jene Organe, die dazu berufen sind, aus dem Boden die Nährstoffe zu schöpfen.

Die Wurzeln des Tabaks dringen nicht tief in die Erde ein. Pfahlwurzeln können wir nur selten antreffen; die Wurzelkrone sendet sehr nahe der Erdoberfläche 6–8 Nebenwurzeln aus, welche von dichten, gleichmässig dicken (1–0·25 $^m/_m$) und verschieden langen Faserwurzeln (Fibrillen) bedeckt sind. Das Wurzelnetz ist nicht von grosser Ausdehnung und steht in keinem Verhältniss zu der ausserordentlichen Entwicklung der verdunstenden Organe. C. Fraess (Wurzelleben der Culturpflanzen. Berlin, 1872, pag. 22) schildert das Wurzelgeflecht der Tabakpflanze in folgender Weise: »Der Tabak hat ein geradläufiges Wurzelsystem mit starken, wenig verzweigten und fast gleich dicken Fibrillen, die überall Nahrung finden müssen, auch rohe gern aufnehmen und nichts vorbereiten.« Jene Empfindlichkeit, die der Tabak gegenüber dem Nahrstoffvorrathe des Bodens zeigt, verräth, dass der Tabak nicht zu den bodenaufschliessenden Pflanzen gehört, dass er vielmehr eine entschiedene Humuspflanze ist. Die Schwäche der Wurzel, die fleischige Beschaffenheit derselben und schliesslich der Umstand, dass die Wurzel jeglichem, noch so geringem Hinderniss ausweicht, belehrt uns, dass der Tabak weder den zähen Lehm, noch den Flugsand liebt; ihm wird der an assimilirbaren Stoffen reiche, mässig bündige Boden am entsprechendsten sein, namentlich wenn derselbe genügende Kalk- und Kaliquantitäten enthält.

Es ist ferner leicht einzusehen, dass der Tabak da vortrefflich gedeihen wird, wo für fleissige Bearbeitung, namentlich für Lockerung des Bodens gesorgt ist.

Einen besonderen Einfluss können wir dem Gehalte des Bodens an sogenanntem milden Humus zuschreiben, und zwar theils der vorzüglichen physikalischen Eigenschaften halber, die er dem Boden ertheilt, theils aber auch aus dem Grunde, weil er den Pflanzen mit schwacher Wurzelthätigkeit leicht assimilirbare Stoffe zukommen lässt.

Der Tabak beansprucht daher vermöge seines Wurzelsystems einen mässig bündigen, humusreichen und an assimilirbaren Stoffen reichen Boden. Mit jener Eigenschaft der Papilionaceen, vermöge deren dieselben auch die nicht verwitterten Bodenbestandtheile angreifen, aus denselben die Nährstoffe zu erzwingen vermögen, ist die Tabakpflanze nicht begabt. Hieraus folgt, dass der Tabak nicht im Stande ist, vermöge seiner eigenen Individualität auf jedem beliebigen Boden zu prosperiren. Rechnen wir noch zur Unfähigkeit der Wurzel die geringe Vegetationsdauer und die ausserordentliche Entwicklung der Verdunstungsorgane, welche bei der Verdunstung des Wassers durch Vermittelung der Wurzeln wie wahre Pumpen auf den Boden einwirken, so werden wir leicht einsehen, dass ihre Thätigkeit dem Gesetze der Diffusion im hohen Grade unterworfen ist, und dass sie mit dem Wasser alle jene Stoffe aufsaugen, die darin gelöst waren.

Diese Behauptung wird unterstützt 1. durch Düngungsversuche, eventuell durch die treue Wiederspiegelung des Düngmittels in der Tabaksasche: 2. durch die grosse Schwankung des Aschengehaltes der auf verschiedenen Böden gezogenen Tabake, wie dies aus der II., VIII., IX. und X. Tabelle ersichtlich ist; 3. durch die überraschende Aehnlichkeit, welche bei verschiedenen Tabaken, die auf einem und demselben Boden gezogen wurden, bezüglich des Aschengehaltes und des gegenseitigen Verhältnisses der Aschenbestandtheile u. s. w. zu constatiren ist.

Dieser letzte Punkt ist viel zu wichtig, als dass wir ihn nicht zum Gegenstande eingehender Untersuchung machen sollten. Aus ihm folgt, dass die Qualität des Tabaks in erster Linie von dem Boden abhängt, und zwar in weit grösserem Maasse als bei welch' anderer Culturpflanze immer; dass wir durch den Samenwechsel nichts gewinnen, denn abgesehen von der Blattform und einigen anderen minder bedeutenden Eigenschaften wird in einem und demselben Boden jede Tabaksorte in verhältnissmässig kurzer Zeit degeneriren und ein dem heimischen ähnliches Product liefern.

Ferner geht daraus hervor, dass der intelligente Landwirth durch ein zweckmässiges Düngungsverfahren und durch rationelle Cultur auf das Ernteresultat des Tabakes in weit höherem Maasse einwirken kann, als bei jeder anderen Culturpflanze, und zwar nicht blos in quantitativer, sondern — auf was wir grosses Gewicht legen — auch in qualitativer Beziehung.

Uebrigens kann man nicht eben behaupten, dass der Tabak bezüglich des Bodens sehr wählerisch sei, denn während er einerseits im zähen Lehm gedeiht, begnügt er sich auch andererseits mit dem leichtesten Sandboden, wenn nur die übrigen Bedingungen seiner Entwicklung entsprechend vorhanden sind. Eine der wichtigsten Bedingungen ist, dass assimilirbare Nährstoffe in genügender Menge vorhanden seien. Es unterliegt allerdings keinem Zweifel, dass die beiden Extreme bei einer und derselben Tabaksorte wesentliche Verschiedenheiten hervorbringen, und zwar in der Form, der Dicke, der Aderung der Blätter etc. Aber eben diese ausserordentlich wichtige Frage lässt sich auf Grundlage der bisherigen Untersuchungen nicht endgiltig entscheiden. Nur sehr zahlreiche sorgfältig durchgeführte Untersuchungen vermöchten das gewünschte Resultat zu liefern.

Den grossen Einfluss des Bodens auf den Tabak illustriren die Erfahrungen von Mandis (Anleitung zur rationellen Tabakkultur mit besonderer Berücksichtigung der Verhältnisse in Ungarn, Siebenbürgen und Galizien von Johann Mandis k. k. Finanzrath und Tabakeinlös-Inspector Wien 1866 pag. 13.) Die verschiedenen Bodenarten zeigen in dieser Hinsicht ein ungleiches Verhalten.

Alle Bodenarten, in welchen der Verwitterungsprocess rasch vor sich geht, somit sandige, merglige und kalkige Gründe, können bei hinreichendem Zuschuss an Dünger mehrere Jahre mit Vortheil zum Tabakbau verwendet werden.

Der lehmige Sandboden kann gleichfalls mehrere gute Tabakernten liefern und sind die Producte des zweiten und dritten Jahres gewöhnlich feiner, qualitätvoller als die des ersten Jahres. Bei längerer Verwendung stellt sich jedoch leicht Misswachs ein, besonders wenn die Witterung nicht sehr günstig ist.

Noch mehr ist dies der Fall beim Lehmboden, den man nur ein bis zwei Jahre mit Sicherheit zum Tabakbau verwenden kann.»

«Im losen, aber humosen Sandboden, wenn der Untergrund nicht bindend ist, entwickelt die Tabakpflanze nur einen schwächlichen Stengel und kleine Blätter und das Product ist in der Regel viel aromatischer als von anderen lehmigen Bodenarten. Im Kalk- und Mergelboden wächst der Tabak viel üppiger und zeichnet sich zugleich durch ein feines Aroma aus.

Die Cultur der sogenannten Gartenblätter, welche ihre Bestimmung zu feineren Rauchtabaken erhalten, findet daher meistens auf humusreichem Sand-, Kalk- und Mergelboden statt.

Kleine Steine im Boden befördern dessen Erwärmung und ein solcher Boden kann dann gleichfalls für Gartenblätter vorzüglich geeignet sein. Je mehr Thon der Boden enthält, je kühler er ist, desto mehr weicht das Product von jenem der Gartenblätter ab. Man verpflanze z. B. den Gartenblättersamen aus der sandigen Umgebung von Debrö in die Plantagen des Csanáder und Békéser Comitates, so wird man, wie es die Erfahrung im Grossen vollkommen bestätigte, ein Product erhalten, welches die charakteristischen Eigenschaften des Szegediner Tabaks aufweist und sich von dem Original-Debröer in jeder Hinsicht unterscheidet.

Wenn der humusreiche Sandboden eine lehmige Unterlage hat, die ihn vor der Austrocknung schützt, so ist er zur Tabakcultur vorzüglich geeignet.

Auf einem solchen Boden kann man Cigarrenblätter von ausgezeichneter Qualität gewinnen, wie z. B. in der Umgebung von Szulok.

Der lehmige Sandboden mit hinlänglich lehmiger Unterlage und so gelegen, dass er nicht versumpfen kann, erzeugt reiche Ernten von zügigen, festen und feinrippigen Blättern, welche gewöhnlich auch einen Brand besitzen und bei entsprechender Behandlung eine reiche Ausbeute an Cigarren-Deckblatt gewähren. Ist aber die Unterlage durchlassend oder der Boden humusarm, so wird das Product mager und eignet sich kaum mehr zum Schneidegut.

Der Lehmboden bringt bei entsprechender Lage

und passendem Untergrund feste, zügige und kräftige Tabakblätter hervor.

Die vorzüglichsten fettesten Schnupftabakblätter gewinnt man bei entsprechender Cultur auf humusreichem, kalkigem oder mergligem Thonboden, dessen Lage oder Untergrund eine Versumpfung nicht zulässt.

Die Moorgründe und Riede, welche gewöhnlich mehr oder weniger sauren Humus enthalten, bringen zwar grosse Blätter hervor, diese sind aber in der Regel lockeren Gewebes, leicht, hell von Farbe, sperr und schwerbrennend, daher nur als ordinäres Schneid- und Spinngut verwendbar. Nach öfteren Culturen und fleissiger Entsumpfung bessert sich zwar das Product wesentlich, aber die Schwerbrandigkeit will nicht weichen.

Ueberhaupt zeigen diesen Mangel die Blätter von tiefgelegenen Gründen, besonders in nassen Jahren, wenn die Wurzeln der Pflanze mitunter längere Zeit von stagnirendem Wasser umgeben bleiben.

Neubrüche geben in der Regel einen hohen Ertrag, allein die Blätter sind gewöhnlich grob, dickrippig und ordinär.

VOM SCHLECHT BRENNENDEN TABAK.

Der schlecht brennende Tabak ist nicht nur hier zu Lande, sondern überall bekannt, wo Tabak gebaut wird. Solcher Tabak brennt, wenn er noch so trocken ist, entweder gar nicht oder er verkohlt blos, und endlich wenn es schon mit grosser Mühe gelungen ist, ihn in Brand zu setzen, erlischt er plötzlich, sobald wir die Pfeife aus dem Munde nehmen.

Solcher Tabak — und wären seine Blätter noch so schön ausgebildet — kann blos auf Schnupf- oder Kautabak, oder höchstens auf einen untergeordneten Rollentabak verarbeitet werden.

Nachdem diese Tabakgattung bei uns in grosser Menge vorkommt, finde ich es für nöthig, auf den Gegenstand näher einzugehen.

Zuerst hat Schlösing diese Frage genauer studirt (Wagner, Handbuch der Tabak- und Cigarrenfabrikation, pag. 145; Compt. rend. L 642 und 1027; Repert. de chim. appl. II, 220; Polyt. Centralbl. 1860, p. 908 und p. 1475; Polytechn. Notizbl. 1860, p. 250; Dingl. Journal CLVII, p. 305; Journal für pract. Chemie LXXXI, p. 143.) Er kam zu folgenden Resultaten:

a) Der wässerige Auszug einer Tabakasche von gut brennbarem Tabak enthält stets kohlensaures Kali (der Tabak enthält kein Natron [?]) und je besser ein Tabak brennt, desto alkalischer ist auch seine Asche.

b) Die Asche des schlecht brennbaren Tabaks enthält kein kohlensaures Kali, sondern zumeist kohlensauren Kalk. Hieraus folgt, dass in dem gut brennbaren Tabak mehr Aequivalente Kali vorhanden sind, als der vorhandenen Schwefelsäure- und Chlormenge entspricht, während bei dem schlecht brennbaren Tabak es sich damit umgekehrt verhält.

c) Der schlecht brennbare Tabak wird gut brennen, wenn demselben das Kaliumsalz irgend einer organischen Säure (der Apfel-, Citronen-, Oxal- oder Weinsteinsäure) incorporirt wird, und zwar in dem Maasse, dass in der Asche das Kali im Ueberschusse vorhanden ist.

d) Umgekehrt können wir einen gut brennbaren Tabak in einen schlecht brennbaren umwandeln, wenn wir demselben so viel schwefel- oder salzsaure Magnesia oder die entsprechenden Kalksalze incorporiren, dass das Kalium aufhört im Uebergewichte vorhanden zu sein.

Zum Beweise dieser Behauptungen hat Schlösing Düngungsversuche ausgeführt und zwar in folgender Weise:

Der mässig zähe lehmige und kalkige Boden wurde in 12 gleiche Parzellen von je 3 □m eingetheilt. Diese wurden vermittelst Bretter von einander getrennt. In jede Parzelle wurden 9 Pflänzchen gesetzt. Die Anwendung der Dünger, sowie die analytischen Resultate der entsprechenden Gewächse sind die folgenden.

Nro.	Dünger auf 1 Hektare: Fleisch	Kompost Erde	Salze: Salzgattung	Menge in Kilogr.	Kaligehalt in Kilogr.	100 Thl. Blätter von 10% Feuchtigkeitsgehalt enthalten: K_2O	CaO	MgO	SO_3	Cl	Brennbarkeit
1	0	0	0	0	0	1,04	7.73	0.99	0,99	0.70	kaum
2	33 Meterztr	115 Meterztr	0	0	0	0,98	7.48	0.84	0.93	0,55	kaum
3	33 „	115 „	K_2SO_4	666	360	2.66	6.58	0,78	0.97	0,43	sehr gut
4	33 „	115 „	KCl	570	360	1.74	7.17	0,73	0,87	1.64	weniger
5	33 „	115 „	KNO_3	773	360	2.13	6.26	0,64	0,79	0,38	sehr gut
6	33 „	115 „	K_2CO_3	265	180	1,65	7.34	0,64	0,96	0,44	mitteln
7	33 „	115 „	„	530	360	2,24	6,24	0,65	0,84	0,42	sehr gut
8	33 „	115 „	„	1060	720	2,50	6,61	0,65	1,05	0,54	sehr gut
9	33 „	115 „	$CaCl_2$	432	720	1.16	8.47	0,97	0,85	1.77	nicht
10	33 „	115 „	$MgCl_2$	213	720	0,82	8.29	1.09	0.77	1.69	nicht
11	33 „	115 „	K_2SiO_3	500	110	1.39	7.74	0,92	0,98	1.69	genügend
12	33 „	115 „	„	1000	220	1.99	7.44	0,78	1,06	0,50	genügend

Aus den Versuchen lassen sich folgende Resultate ableiten:

Diejenigen Parzellen (1, 2, 9, 10), die nicht mit Kali gedüngt wurden, ergaben einen unverbrennlichen Tabak; auf den Parzellen mit Kalidüngung hingegen erhielt er ein Product von verschiedener Brennbarkeit.

Die Producte der 4., 9. und 10. Parzelle enthielten nahezu dreimal so viel Chlor als die übrigen; der Tabak nimmt das Chlor leicht auf. Aus dem Umstande, dass die Mineralsäuren auf die Brennbarkeit schlecht wirken, da sie den organischen Verbindungen das Kalium entziehen, kann man folgern, dass das Vorhandensein grösserer Chlormengen in dem Boden nicht wünschenswerth ist und man sich vor der Anwendung chlorhaltiger Düngstoffe wohl zu hüten hat.

Diese Versuche könnte man in manchen Beziehungen bemängeln, da das Compost und das Fleisch ebenfalls Kaliumsalze enthielten; wir können von dem Boden selbst voraussetzen, dass er erhebliche Kaliumquantitäten enthielt, da man aus einem Kilo Boden 18 Milligramm Kalium mittels Wassers extrahiren konnte, was, wie schon Nessler bemerkt, eine erhebliche Quantität ist; ja es ist auf dem Metzgerfeld, welches bedeutend weniger durch Wasser extrahirbares Kalium enthält, ein gut brennbarer Tabak gewachsen, und auch die Behauptung steht nicht, dass der Tabak kein Natrium enthält. Alles dieses verringert indessen nicht den Werth der Versuche; sie gestatteten die auf die Brennbarkeit bezüglichen Principien auszusprechen, welche bis auf den heutigen Tag Geltung behielten. Mehrere in dieser Richtung ausgeführte Versuche haben die Sache endgiltig ins Reine gebracht und sind wir in dieser wichtigen Frage der Erkenntniss der Wahrheit näher gekommen.

Dr. Kodweiss, Chemiker der kaiserl. königl. Central-Direction und des Tabak-Einlösungsamtes, äussert sich über den schlecht brennenden Tabak folgendermassen (Maxdis, Anleitung zur Tabakcultur, Wien, 1866, p. 37):

Diejenige Substanz, die bei dem Tabak das schlechte Brennen verursacht, ist eine ganz geringe Menge Chlorkalium, welches mit der Cellulose und den Holzfasern in innigster Verbindung ist. Er beweist dies mit Folgendem:

Wenn man einen schlecht brennenden Tabak mit Aether, Alkohol und schliesslich mit Wasser vollständig auskocht, so bleibt der Tabak trotz dieser Manipulation noch immer schlecht brennbar. Wenn man aber diesen Tabak jetzt mit lauwarmem Wasser extrahirt, in welchem 1/10 % Aetzkali oder 1/4 % Kaliumcarbonat gelöst ist, hernach mit reinem Wasser wäscht und schliesslich trocknet, so wird der Tabak in einen leicht verbrennlichen verwandelt und es bleibt eine weisse Asche zurück.

Die mit dem Tabak erhitzte alkalische Flüssigkeit enthält eine ganz geringe Menge Chlorkalium. Dieses war daher so innig mit der Cellulose und der Holzfaser verbunden, dass es durch Auskochen mit Wasser nicht entfernt werden konnte und schied sich nur dann aus, als die Holzfaser und Zellsubstanz eine andere Substanz zum Ersatze erhielt, mit der sie sich verbinden konnte.

Wir finden zwar nicht einen einzigen Tabak, der nicht Chlor enthielt; vielmehr gibt es Tabake mit 4—5 % Chlorkaliumgehalt, welche ganz gut brennen. Bei ihnen ist aber das Chlorkalium durch Wasser mit Leichtigkeit extrahirbar, nicht mit der Zellsubstanz in chemischer Verbindung. Der schlecht brennbare Tabak überlässt dem Wasser ebenfalls Chlorkalium, aber nur jenes, welches als solches in den Zellen enthalten ist; jene geringe Menge Chlorkalium hingegen, welche mit den Holzfasern so innig verbunden ist, kann bei einer noch so anhaltenden Auskochung nicht entfernt werden, es sei denn, dass es aus seiner Verbindung durch eine andere Substanz verdrängt wird.

Es ist sehr schade, dass diese Behauptungen nicht durch specielle Versuche illustrirt werden. Gegen diese Behauptungen könnte man folgende Einwendungen erheben:

Abgesehen davon, dass eine Verbindung von Cellulose oder Holzfaser mit Chlorkalium, welche zudem noch in Wasser unlöslich ist, unbekannt ist, so ist es kaum zu begreifen, dass eine so geringe Menge von Chlorkalium auf die Brennbarkeit von so wahrnehmbarem Einflusse wäre. Und wenn das Kaliumcarbonat oder das Kalihydrat und Wasser die Brennbarkeit des Tabaks in so hohem Grade herbeiführen, so schreibe ich dieses nicht so sehr dem Freiwerden des Chlorkaliums zu, sondern eher dem Umstande, dass das Albumin (alkali albuminat) oder allenfalls das Legumin, die Pectinstoffe, Humussäure u. s. w. in lösliche Form übergeben und extrahirt werden, welche Stoffe ohne Zweifel die Brennbarkeit augenfällig vermindern. Dass die Pottasche die Brennbarkeit befördert, ist eine längst bekannte Thatsache und wird auch diese Extraction in den Tabakfabriken ausgeführt.

Mit dieser Frage beschäftigte sich am eingehendsten Nessler. (Dr. J. Nessler. Der Tabak, seine Bestandtheile und seine Behandlung. Mannheim, 1867, pag. 35 ff.) Er studirte den Einfluss der Aschenbestandtheile auf die Brennbarkeit und tauchte zu diesem Zwecke ein weisses Fliesspapier in verschiedene Salzlösungen, trocknete sie und zündete dieselben schliesslich an. Aus der Zeitdauer der glimmenden Verbrennung und aus der Weisse der Asche zog er seine Schlüsse auf den Einfluss auf die Brennbarkeit:

Wenn wir den Einfluss, den die anorganischen Salze auf die Brennbarkeit ausüben, vergleichen, so können wir darüber nicht im Zweifel sein, dass sowohl die Säure, wie die Basen in gewissem Grade influiren. Unter den Basen befördert in erster Linie das Kali die Verbrennung, oder verhindert richtiger die Verbrennung mit Flamme und bewirkt das Glimmen. Die Wirkung des Kali's ist am auffallendsten beim kohlensauren und schwefelsauren Kali. Das Natrium zeigt nur im an Kohlensaure gebundenen Zustande diese günstige Wirkung; in entgegengesetzter Weise wirken das Chlornatrium und das schwefelsaure Salz. Bei Anwendung von Natriumsalzen bleibt die Asche stets schwarz. Der Kalk in Form von Kalksulphid befördert die Verbrennung und lässt eine weisse Asche resultiren.

Schlösing constatirt ferner, dass die Salpetersäure, deren Salze sonst die Verbrennung zu unterstützen pflegen, bei der Verbrennung des Tabaks einen besonders günstigen Einfluss nicht ausüben. Auch die Schwelsäure kann nicht sonderlich in Betracht gezogen werden.

Das Chlor und seine Verbindungen wirken besonders ungünstig, namentlich das Chlorcalcium, weniger das Chlormagnesium und Chlornatrium und am wenigsten das Chlorkalium.

Diese ungünstige Wirkung ist nicht der Hygroskopocität der Verbindungen zuzuschreiben, sondern vielmehr dem Umstande, dass die Chlorverbindungen bei einem geringen Feuchtigkeitsgehalte, bei einer niedrigen Temperatur schmelzen. Dass die Asche schwarz ist, ist dem Umstande zuzuschreiben, dass die Kohlenpartikelchen von der geschmolzenen Masse eingehüllt werden und so vor dem Zutritte der Luft geschützt sind.

Das Glimmen wird in ausserordentlichem Maasse von den pflanzensauren Salzen, dem weinsteinsauren Kali, essigsauren Natrium, citronensauren Kalk und der citronensauren Magnesia befördert.

Diese Versuche bestätigen vollkommen die Schlösing'schen Beobachtungen. Diese Angaben werden noch positiver durch jene Düngungsversuche, welche Nessler mit den entsprechenden Salzen ausführte:

		glimmte	die Asche enthielt Kaliumcarbonat
1. Der mit Kaliumcarbonat	gedüngte Tabak	17 Sekunden	2·51 %
2. „ „ Kaliumsulphat		15½ „	1·40 „
3. „ „ Gyps		13½ „	1·60 „
4. „ „ Feldspath		13 „	—
5. „ ungedüngte Tabak		11 „	—
6. „ mit Carnallith, Superphosphat, Chlorkalium gedüngte Tabak glimmte 10 Sekunden lang, trotzdem dass der Gehalt an Kaliumcarbonat sehr verschieden war (1·08 — 1·16 — 0·42 %.)			
7. Der mit Ammoniumsulphat	gedüngte Tabak	8½ Sek.	0·86 %
8. „ „ Magnesiumsulphat		7½ „	1·03 „
9. „ „ Chorkalium, Chlornatrium		4½ „	0·47 „

Die durch mich ausgeführten Düngungsversuche, deren Hauptzweck eigentlich der war, zu eruiren, wie man durch Düngung dem Uebel der schlechten Brennbarkeit begegnen könne, wiesen nicht die entsprechenden Resultate auf, was namentlich dem Kaligehalte des Bodens, seiner lockeren Beschaffenheit, seinem durchlassenden Untergrunde und ferner noch dem Umstande zuzuschreiben ist, dass der Humusgehalt des Versuchsbodens unbedeutend war; so konnte das als Dünger verwendete Kochsalz, wenn es nicht aus dem Boden herausgewaschen wurde, in der Pflanze nicht zur Wirkung gelangen, da er in dem kaliumreichen Boden dem Kalium gegenüber nicht zum Uebergewicht gelangen konnte.

Wir können jedoch über diesen interessanten Gegenstand mitreden, wenn wir die in der IX. Tabelle verzeichneten 7 bestbrennbaren und die 6 schlecht brennbaren Tabake ihrem Aschengehalte nach vergleichen. Dieser Vergleich zeigt, dass die gut brennbaren Tabake etwas mehr Aschengehalt besitzen als die schlecht brennbaren, dass dem Mehr an Asche auch ein Mehr an Kalium und Kalk entspricht, während die schlecht brennbaren Tabake in der Asche mehr Phosphorsäure und namentlich Chlor enthalten. Damit bestätigen diese Analysen auch die von Schlösing und Nessler gemachten Erfahrungen.

Man darf indessen jene ausserordentlichen Schwankungen nicht ausser Acht lassen, welche die einzelnen Aschen bezüglich ihrer Zusammensetzung zeigen. So finden wir bei gut brennbarem Tabak 13 % Kali, bei dem schlecht brennbaren 30 % Kali, bei gut brennbarem 4·7 % Chlor, bei schlecht brennbarem 1·5 % Chlor; dieser Umstand zeigt, dass ausser dem Chlor auch die anorganischen Säuren ihren Wirkungskreis besitzen. So finden wir neben den 1·5 % Chlor 10·7 % Schwefelsäure in dem Gyula-Puszta-Remeteer Tabak.

Auf Grundlage des Bisherigen könnte man die Ursache des schlechten Brennens folgenderweise resumiren:

Das schlechte Brennen kann verursacht werden:

1. durch Mineralbestandtheile,
2. durch organische Stoffe.

α) Je mehr im Allgemeinen ein Tabak Asche enthält, desto besser brennt er und umgekehrt.

β) Die in der Asche vorkommenden organischen Säuren, wie Phosphorsäure, Schwefelsäure und das Chlor wirken ungünstig auf die Brennbarkeit, und zwar aus folgenden Gründen:

1. Je grösser die Menge der anorganischen Säure, desto weniger anorganische Basen bleiben den organischen Säuren zur Disposition.

2. Weil im Sinne der Nessler'schen Versuche die anorganischen Salze im Allgemeinen das gewöhnliche Papier in schlecht brennbares verwandeln.

3. Weil sie die Bildung solcher organischen Substanzen veranlassen, die überhaupt schlecht brennen. Hier ist in erster Linie die Phosphorsäure zu berücksichtigen. Die Agriculturchemie lehrt, dass zwischen dem Proteïngehalte der Pflanzen und deren Phosphorsäuregehalt eine gewisse Beziehung besteht. Bei mehr Phosphorsäuregehalt finden wir in der Regel auch mehr Proteïngehalt. Hieraus folgt, dass bei sonst gleichen Mengen assimilirbaren Stickstoffes in dem Boden der Tabak oder überhaupt die Pflanze da mehr Proteïn bilden wird, wo daneben gleichzeitig mehr Phosphorsäure zugegen ist.

Dasselbe kann man von der Schwefelsäure behaupten. Unter den im Tabak enthaltenen organischen Substanzen sind nur die Proteïnstoffe als schwefelhaltige bekannt, deren Bildung durch einen an Schwefelsäure reichen Boden wesentlich befördert wird, vorausgesetzt, dass die übrigen Umstände günstig sind.

Das Chlor betreffend kann man wohl auch behaupten, dass seine Gegenwart die Bildung gewisser, bisher jedoch unbekannter Stoffe befördert. Diese Behauptung bestätigt der Umstand, dass die chlorhaltigen Dungstoffe, bei einigen unserer Culturgewächse angewendet, den Ertrag bedeutend erhöhen, die Qualität aber bedeutend vermindern. So z. B. ist der Rüben- und Kartoffelertrag bei Anwendung chlorhaltiger Dungstoffe weit grösser, aber die Rübe enthält weniger Zucker, die Kartoffel weniger Stärke. (Vide: NESSLER, Düngerlehre, 1868, p. 16. CORDEL, Die Stassfurther Kalisalze etc., 1868, p. 9. HEIDEN, Düngerlehre II. Bd., p. 384. A. MAYER, Agriculturchemie, 1871, p. 251.) Dasselbe hat NESSLER auch bezüglich des Tabaks beobachtet (Der Tabak 74, 78, 79). Auf einem Morgen Land erntete NESSLER im Durchschnitt von sieben Versuchen 5082 Pfund Tabak, während auf dem chlorgedüngten Felde im Durchschnitte 7840 Pfund erzielt wurden.

Von den schlecht brennenden Tabaken ist es allgemein bekannt, dass sie ausserordentlich grossblätterig sind (Vide: MANDIS, Tabakcultur, 1866, p. 40); und so ist es fast gewiss, dass die chlorhaltigen Dungstoffe auf den Tabak von augenfälliger Wirkung sind. Welche von den näheren Bestandtheilen des Tabaks jedoch hiebei in so grosser Menge producirt wird, wissen wir bisher nicht.

Man darf aber weiter den Umstand nicht ausser Acht lassen, dass das Chlor als Chlornatrium in hohem Grade antiseptisch wirkt, weshalb diese Substanz die Tabakfermentation in hohem Grade hindert.

Die Fermentation bezweckt die im Tabak enthaltenen Proteïnstoffe, die auf die Brennbarkeit nachtheilig wirken, umzugestalten, und wenn die Fermentation in Folge der Einwirkung des Chlornatriums nicht mit genügender Energie beendet wird, so wird der Tabak nicht blos deshalb schlecht brennen, weil Chlorverbindungen zugegen sind, sondern auch deshalb, weil das Kochsalz die Zersetzung der Eiweissstoffe und anderer organischer Verbindungen hindert. So pflegen wir die aufzubewahrenden Fleischarten zu salzen, ebenso auch pflanzliche Stoffe, wie das Kraut, einzusäuerndes Viehfutter u. s. w. Dieselbe Wirkung können wir den Chlorverbindungen bei dem Tabak zuschreiben (siehe NESSLER's oben citirte Werk p. 127).

Der Einfluss der organischen Verbindungen auf die Verbrennlichkeit ist noch wenig studirt.

SCHLÖSING hat gezeigt, dass die organischen Säuren, wie die Aepfelsäure, Citronensäure und Oxalsäure, die vornehmlich in den Tabakblättern enthalten sind, die glimmende Verbrennung des Tabaks ausserordentlich befördern.

Die Proteïnstoffe brennen nicht nur schlecht, sondern verbreiten auch einen unangenehmen Geruch.

Der Umstand, dass in trockenen Jahrgängen schlecht brennbare Tabake wachsen — namentlich im Auslande (NESSLER 98--77) —, rührt daher, dass der Boden hauptsächlich mit Pottasche gedüngt wurde und dass das demselben einverleibte Chlor nicht ausgewaschen, nicht in den Untergrund befördert wird (BEMMELEN).

Der Tabak ist zudem kleinblätterig und dick, und es ist wahrscheinlich, dass in diesen Jahrgängen die Blattzellen verholzen in Folge der ligninartigen Incrustation, wie wir dies bei dem Rettig, den Rüben und Kohlrüben so allgemein wahrnehmen. Wir müssen den Einfluss auf die schlechte Brennbarkeit auch zum Theil dieser ligninartigen Verholzung zuschreiben. Es ist zu bedauern, dass die mit dem Namen »Lignin« bezeichneten Stoffe ihrer Natur nach so wenig bekannt sind; es scheint, dass diese Stoffe bei dem Tabak eine grosse Rolle spielen.

Die Ursache der schlechten Brennbarkeit ungarischer Tabake ist ebenfalls dem Chlor zuzuschreiben. Zahlreiche in dieser Richtung gehaltene Nachfragen ergeben übereinstimmend mit MANDIS' Ansicht unzweifelhaft, dass dieser Zustand sich regelmässig in nassen Jahrgängen einstellt. Für jene Gegenden, wo schlecht brennbarer Tabak wächst, war ich bemüht, die Höhenangaben über dem Meeresspiegel zu geben und diese Angaben zeigen überraschend die Thatsache, dass schlecht brennbare Tabake namentlich den tiefst gelegenen Theilen Südungarns (Alföld), der sogenannten Theissebene (tiszalapos), einer sumpfigen Gegend entstammen. Diese Ebenen sind nach nassen Wintern in dem Frühjahre von den Grundwässern überschwemmt.

Unter diesen Bodenarten sind namentlich der Katahalmer, Kocsordeser und Csegeer einer eingehenden Untersuchung unterworfen worden, und zwar mit dem NÖBEL'schen Schlämmapparat; hierauf wurde der mit mittelmässig concentrirter Salzsäure bereitete Auszug der Erde analysirt.

	Katahalmer		Kocsordeser		Csegeer
Glühverlust (Humus und chem. gebund. Wasser)	9·278 %		4·82 %		19·965 %
Grobsand	58·960 »	100	58·79 »	100	—
Feinsand	8·163 »		13·66 »		—
lehmiger Sand	13·716 »		24·65 »		—
Lehm	19·161 »		2·90 »		—
CaC	0·1163		0·5164		0·4474
MgO	1·0283		1·3134		0·7998
P_2O_5	0·1243		0·1386		0·09626
FO_3	Spur		Spur		Spur
Cl	Spur		Spur		Spur
Fe	sehr viel		viel		sehr viel
Alkalien	0·537		0·4285		0·3605

Die auf diesem Boden gewachsenen Tabaksorten wurden verascht und ein wässeriger Auszug der Aschen bereitet, der behufs der Bestimmung der Alkalescenz, des kohlensauren Kalis, titrirt wurde.

Katahalmer	Kocserdoser	Csegeer
4·9 % in der Asche	2·5 % in der Asche	3·954 % in d. Asche
0·97 « im Tabak	0·45 « im Tabak	0·57 « im Tabak.

Nachdem nun der Boden so geringe Mengen Chlor enthielt, der Chlorgehalt der Tabakasche aber so bedeutend war, so kann letzterer nur von dem Chlor- oder richtiger Chlornatriumgehalte des Untergrundwassers herrühren, welches, nebenbei bemerkt, der Urheber der Sodaefflorescenz in Südungarn ist. Weitläufigere Ausführung über diesen Gegenstand finden wir in «Term. tud. közlöny» (Naturwiss. Zeitschrift) 1875, p. 457—462.

Nach dem Bisherigen können wir mit Recht die Frage aufwerfen, ob man wohl die schlechte Brennbarkeit des Tabaks wenigstens theilweise beseitigen kann. Ueber diese Frage hatte ich die Ehre in dem 87. Heft, von «Term. tud. közlöny» zu referiren. Hier möchte ich nur die an benannter Stelle angeführten Ansichten kurz recapituliren und Einiges noch als Ergänzung hinzufügen.

Auf die Frage kann ich mit einem bestimmten *Ja* antworten.

Man kann die Brennbarkeit des Tabaks verbessern:

1. *Durch Düngung.* In dieser Richtung haben wir in erster Linie dahin zu wirken, dass der Tabak Kali in genügender und assimilirbarer Form antreffe, was man durch directes Ausstreuen von Kaliumnitrat oder Kaliumsulphat erreichen kann. Da aber diese Stoffe theuer sind, so kann man auch indirecte Mittel anwenden, als da sind der gebrannte Kalk, der Gyps, die dahin wirken, dass die in dem Boden enthaltenen Kalisalze gelöst und in assimilirbarer Form der Pflanze zugeführt werden. Zweitens müssen wir dahin wirken, dass der Tabak keine Chlorverbindungen aufnehmen könne, was man erreichen kann

2. *durch zweckmässige Cultur.* Hier müssen wir bestrebt sein, dahin zu wirken, dass die Wurzeln möglichst weit von den Chlorverbindungen situirt seien — also möglichst weit von den Untergrundwässern —, was wir mit der holländischen Strandcultur oder wenigstens bei kleinen Parzellen durch den Beetbau zu erreichen vermögen, wobei der Tabak nur auf dem höchsten Punkte des Furchen-Rückens gepflanzt wird.

3. *Durch Vergährenlassen des Tabaks.* Nachdem das schlechte Brennen zum Theile auch von solchen organischen Stoffen herrührt, die bei der Gährung zerstört werden, so können wir bei solchen Tabaken durch Fermentation oft das gewünschte Ziel erreichen. Die Erfahrung zeigt, dass oft schlecht brennbarer Tabak nach einigen Jahren sich so bessert, dass er vollkommen brauchbar wird, nicht blos für die Pfeife, sondern auch für Cigarrenbereitung. Solche Tabake kann man ihres hohen Chlorgehaltes wegen sehr schwer zur Gährung bringen, und die ausländischen Tabakfabrikanten haben schon vor langer Zeit in dieser Beziehung Versuche angestellt. Es sei gestattet, hier ein auch vom theoretischen Standpunkte vollkommen entsprechendes Verfahren bekannt zu machen.

Die gelösten Büschel werden locker auf das Gitterwerk eines kleinen viereckigen Wagens gelegt und mit Wasser besprengt. Hierauf wird der Wagen sammt dem Tabak in einen aus Holz verfertigten Kasten geschoben, in welchen Wasserdampf von 3—5 Pfund Druck eingeleitet wird. Unter diesem Druck bleibt der Tabak 5—10 Minuten, worauf der Dampfhahn geschlossen wird und der Tabak bei einer Temperatur von 94—66° C. so lange im Kasten verbleibt, bis das Ganze vollständig in Schweiss geräth und die Gährung mit Vortheil beginnen kann. (Scientific American Dec. 9. 1876.)

Die Versuche Nessler's (a. a. O. p. 138) haben zu folgenden Resultaten geführt:

Damit der schlecht brennbare Tabak in gut brennbaren verwandelt werde, müssen wir die organischsauren Alkalien in dem Tabak vermehren. Dies kann geschehen, wenn wir den Tabak mit essigsaurem Kali oder besser mit kohlensaurem Kali befeuchten. Bezüglich der Wirkung dieser beiden Salze sind zahlreiche Versuche gemacht worden.

Das beste Resultat konnte mit der wässerigen Lösung von Kaliumcarbonat erzielt werden. Je nachdem mehr oder weniger Albuminate oder Extractivstoffe aus dem Tabak zu entfernen sind, wird derselbe kürzere oder längere Zeit in einer $^{1}/_{2}$—1 %igen Pottaschenlösung geweicht. Es ist klar, dass bei dieser Behandlung der Tabak zugleich ausgelaugt wird; seine Asche jedoch enthält — wie dies directe Versuche zeigen — mehr Kaliumcarbonat, welches die

Brennbarkeit steigert, während zugleich der Geruch und der Geschmack verbessert wird. Bei vielen Tabaken war nach dem Weichen und Austrocknen beim glimmenden Brennen ein sehr angenehmer Geruch wahrzunehmen, welcher jedoch bei der aus demselben Blatte verfertigten Cigarre kaum wahrgenommen werden konnte. Man kann sogar die Brennbarkeit der fertigen Cigarre verbessern, wenn wir dieselbe auf einen Augenblick in eine 1 %ige Kaliumcarbonat-Lösung tauchen, wobei das Deckblatt genügende Quantität hievon aufnimmt und gut brennbar wird, was weiterhin auf die Brennbarkeit des Fülltabaks günstig wirkt.

Ebenso günstig wirkt der essigsaure Kalk, welcher namentlich schöne weisse Asche resultiren lässt. Die Versuche kann man ebenfalls mit fertigen Cigarren ausführen, welche in eine 2—3 %ige Salzlösung getaucht werden. Die durchnässten Cigarren lassen wir vorher bei gewöhnlicher Temperatur so lange austrocknen, bis die an dem Deckblatte entstandenen Unebenheiten geschwunden sind; hierauf werden sie bei circa 50° C. getrocknet.

Ebenso günstig bewährte sich eine Lösung, die 1 % Kaliumacetat und 1 % Calciumacetat enthält. In diesem Falle, und überhaupt immer, wenn Kalkacetat zugegen ist, erhält man eine vorzüglich weisse Asche. Manche Tabake indessen blähen sich bei Anwendung von Acetaten auf.

Es versteht sich von selbst, dass es viel besser ist, den Tabak statt der Cigarre zu behandeln, da die Flüssigkeiten ungleichmässig in die Cigarre eindringen; zudem erhalten die Cigarren beim Anfeuchten und abermaligen Trocknen einen schlechten Geruch.

I. TABELLE.

CHEMISCHE ZUSAMMENSETZUNG DER ASCHE UNGARISCHER TABAKE.

100 Thl. getrockneten Tabakes enthalten:

	Laufende Nummer *)	Rohasche	Sand	Kohlensaure Reinasche	Kaliumoxyd	Natrium-oxyd	Calcium-oxyd	Magnesium-oxyd	Eisenoxyd	Phosphor-säure	Schwefel-säure	Chlor
Dorogher ...	1	27.78	4.640	23.134	3.942	0.058	7.560	2.256	0.100	0.621	0.084	0.194
Csókaer	7	27.13	3.190	23.940	3.844	0.190	8.441	3.042	0.150	1.040	1.399	4.287
Szuloker	13	21.73	2.010	19.720	6.290	0.097	4.658	1.520	—	1.100	0.561	?
Tordaer	24	26.97	6.206	25.744	3.561	0.028	7.637	1.024	0.288	0.765	0.909	0.860
Vértoser...	36	32.05	6.206	25.744	3.561	0.028	10.180	3.844	0.649	0.618	0.683	0.219
Kokaler	57	29.07	6.013	23.057	2.407	0.064	9.541	3.231	0.445	1.119	0.031	0.366
Vittnyéder..	58	17.20	1.802	15.308	2.874	0.200	5.020	1.110	0.621	0.721	0.721	0.337
Csetneker	66	19.45	1.504	17.936	3.298	0.205	6.856	1.602	0.260	0.366	0.451	0.469
Magyar Csaholyer..	69	22.68	1.993	20.687	4.323	0.113	6.966	3.275	0.319	0.977	0.615	0.167
Matolcser	75	29.87	2.790	27.080	2.700	0.143	9.617	3.071	0.572	1.417	0.943	1.019
Blumenthaler	99	22.41	2.089	20.321	2.840	0.671	7.249	1.996	0.535	0.575	0.775	0.091
Kérecser ...	100	22.24	2.708	19.532	4.250	0.025	6.558	1.423	0.458	0.940	0.825	0.115
Jánosházer	106	18.40	0.286	18.114	4.963	0.328	4.194	1.162	0.954	0.096	0.633	0.515
Katabalmer	114	21.780	1.950	19.850	4.554	0.696	5.217	1.669	?	1.636	0.252	1.824
Kocsordoser	115	19.700	0.700	17.010	4.119	0.437	4.617	0.962	?	1.104	0.317	2.558
Csegeer ...	116	17.14	0.940	16.20	2.055	1.408	5.959	1.837	?	0.876	0.452	0.734
Óvárer Cuba	117	23.40	1.83	21.571	2.409	0.121	7.447	2.058	0.212	0.365	0.579	0.302
Óvárer Virginia		23.90	1.31	22.50	2.090	0.141	8.905	1.680	0.140	0.513	0.856	1.112

*) Die im I. Thl. benützten laufenden Nummern.

II. TABELLE.

IN 100 THEILEN REINASCHE SIND ENTHALTEN

Name des Tabaks	Laufende Nummer	Mineral-stoffe	Kalium-oxyd	Natrium-oxyd	Calcium-oxyd	Magne-siumoxyd	Eisenoxyd	Phosphor-säure	Schwefel-säure	Chlor
Dorogher ..	1	15.465	25.488	0.375	49.084	14.587	1.073	4.015	4.422	1.254
Csókaer	7	21.054	17.405	0.546	38.148	13.853	0.683	7.470	6.372	19.527
Szuloker	13	14.444	43.555	0.675	33.638	10.501	—	7.657	3.885	—
Tordaer	24	18.407	32.045	0.051	41.480	10.452	1.504	4.156	5.422	4.672
Vérteser	36	19.562	18.203	0.143	52.040	19.650	2.806	2.890	3.491	1.114
Kokader	57	17.732	13.575	0.050	53.811	18.228	2.569	6.511	3.671	2.064
Vittnyéder	58	11.620	24.733	2.405	43.278	9.552	5.344	6.295	6.205	2.811
Csetneker	66	13.293	24.577	1.511	50.056	12.124	2.105	2.903	3.241	3.077
Magy.-Csaholyer	69	16.738	25.825	0.675	41.014	19.352	2.084	5.830	3.674	0.098
Matolcser.	75	20.150	13.423	0.709	47.705	19.698	2.837	7.020	4.628	5.055
Blumenthaler	99	14.762	10.217	4.555	49.101	13.551	5.255	3.033	3.963	0.817
Kéreser	100	14.598	29.113	0.173	44.884	9.474	5.853	3.140	6.498	0.789
Jánosházer .	106	14.160	35.040	2.323	33.855	8.206	6.737	6.539	4.170	3.036
Katalalmer	114	15.431	29.500	4.508	33.795	10.811	?	10.508	1.632	11.815
Kocsordoser.	115	13.508	30.291	3.214	34.894	7.074	?	8.119	2.331	18.811
Cseger	116	13.154	15.023	10.688	45.301	13.065	?	6.659	3.430	5.580
Óvárer Cuba	127	14.025	17.176	0.868	53.098	18.951	1.511	2.602	4.128	2.153
Óvárer Virginia	128	14.402	14.451	0.975	56.334	11.016	1.009	3.547	5.711	7.089

IM MITTEL AUS 51 ANALYSEN ENTHÄLT DER UNGARISCHE TABAK:

	Mineral-stoffe	Kalium-oxyd	Natrium-oxyd	Calcium-oxyd	Magne-siumoxyd	Eisenoxyd	Phosphor-säure	Schwefel-säure	Chlor
In 100 Thl. Trockensubstanz, ev. Reinasche	**15.73**	**23.66**	**2.39**	**45.45**	**13.24**	—	**5.36**	**4.27**	**4.00**
Mit folgenden Schwankungen									
Maximum	22.05	43.555	10.69	60.6	24.8	—	10.60	10.7	19.60
Minimum	10.9	11.43	0.03	27.10	6.1	—	1.97	1.63	0.55

III. TABELLE.

DÜNGUNGSVERSUCHE.

Tabakgattung		In 100 Thl. Trockensubstanz sind enthalten			In 100 Thl. Reinasche sind enthalten						
		Roh-asche	Sand	Kohlen-säurefreie Reinasche	Kalium oxyd	Natrium oxyd	Calcium oxyd	Magnes. oxyd	Phos-phor-säure	Schwe-felsäure	Chlor
1876-er Gewächs											
I—IV. Gipfelblätter	In ungedüngtem Boden	22.98	1,107	21.229	24.916	0,905	55.981	8.510	4.581	4.054	0.405
„ Bestgut		28.347	3.451	22,665	20.473	1.372	61.626	9.688	3.514	3.105	0.303
„ Untere Blätter		30.103	2.453	26.420	19.500	0,466	62.228	10.291	3.026	?	?
V. Mit Kaliumsulphat gedüngt		26.168	2,587	23.379	20.395	0.445	60,286	10.246	2.933	4.467	0.247
VI. Mit Gyps	„	27.887	3.416	24.471	21,835	0,132	56,620	7.672	4.329	8.754	0.295
VII. Mit Kochsalz	„	27.188	1,941	25,241	21.723	0.314	50.844	7.587	3.972	4.018	13.781
VIII. Mit Ammonsulphat	„	25.260	2.158	23.128	23.770	0.604	55.718	9.864	4.095	5.758	0.196
IX. Mit Chilisalpeter	„	25.443	1.248	24.195	18.181	0.252	62.461	10.180	3.957	4.505	0.585
X. Mit Stalldünger	„	26.807	2.742	24.065	22.450	0.655	60.640	7.574	3.874	4.424	0.375
1877-er Gewächs											
V. Mit Kaliumsulphat gedüngt		21.006	0,943	20.061	23.772	0.147	48.629	11.511	3.893	11.140	0.004
VI. Mit Gyps	„	24.355	3.453	20,902	25,053	0.467	49.404	10.164	3.992	10.409	0.510
VII. Mit Kochsalz	„	22.708	1.442	21.266	19.266	0.139	49.428	9.853	3.551	4.220	17.651
VIII. Mit Ammonsulphat	„	20.510	1.291	19.219	20.719	0.320	55.181	12.257	3.802	6.403	0.047
IX. Mit Chilisalpeter	„	20.700	1.386	19.414	14.654	0.516	60.112	13.686	4.344	5.910	0.135
X. Mit Stalldünger	„	21.580	1.689	19.891	21.233	0.329	57.899	12.795	3.179	4.184	0.394

IV. TABELLE.

DÜNGUNGSVERSUCHE.

Tabakgattung	Trocken-Substanz	Procent der Trockensubstanz										
		Gesammt Nitrogen	Ammon	Nicotin	Mineral-bestand-theile	Kalium oxyd	Natrium oxyd	Calcium oxyd	Magnes. oxyd	Phosphor-säure	Schwefel-säure	Chlor
1876-er Gewächs												
Gipfelblatt; ungedüngt	89.722	4.184	0,0812	0,233	13.922	3.468	0,126	7.791	1.189	0.035	0.644	0.065
Bestgut „	89.687	5,136	0.089	0,048	14.592	2.983	0,199	8,937	1.405	0,485	0.459	0,037
Untere Blätter „	89.500	2.755	0,295	0.300	16.753	3.278	0.169	10.425	1.724	0.507	?	?
Bestgut von Parzelle V.	89.133	3.141	0.445	0.758	15.333	3.127	0.068	9.240	1.571	0.603	0.685	0.058
„ „ „ VI.	90.012	2.551	1.078	0.090	15.602	3.481	0.021	9.053	1.230	0.888	1.392	0.047
„ „ „ VII.	90.035	3.067	0.421	0.678	17.516	3.805	0.055	8.916	1.344	0.096	0.850	2.414
„ „ „ VIII.	90.236	3.843	0.554	1.023	15.065	3.581	0.031	8.307	1.477	0.617	0.872	0.030
„ „ „ IX.	89.133	4.547	0.728	1.042	15.010	2.736	0.044	9.471	1.532	0.600	0.078	0.058
„ „ „ X.	90.030	4.179	0.439	0.968	15.461	3.471	0.101	9.377	1.151	0.709	0.684	0.058
1877-er Gewächs												
Bestgut von Parzelle V.	92.201	2.500	0.240	0.936	14.230	3.383	0.021	6.290	1.638	0.554	1.828	0.046
„ „ „ VI.	92.703	3.213	0.426	0.365	14.098	3.532	0.063	6.066	1.451	0.553	1.449	0.072
„ „ „ VII.	91.299	3.394	0.306	0.621	16.009	3.110	0.033	7.913	1.579	0.569	0.677	2.718
„ „ „ VIII.	92.090	3.517	0.292	1.181	12.803	2.609	0.047	7.098	1.041	0.471	0.861	0.063
„ „ „ IX.	91.905	3.438	0.340	0.785	12.038	1.852	0.067	7.507	1.731	0.549	0.747	0.033
„ „ „ X.	92.886	3.443	0.269	0.473	13.632	2.852	0.043	7.777	1.718	0.427	0.502	0.003

V. TABELLE.

DIE VERTHEILUNG DER ASCHENBESTANDTHEILE IN DEN EINZELNEN PFLANZENTHEILEN.

Die einzelnen Pflanzentheile	Mineralstoffe in 100 Theilen Trockensubstanz	In 100 Theile Reinasche: Kalium-oxyd	Natrium-oxyd	Calcium-oxyd	Magnes. oxyd	Phosphor säure	Schwefel-säure	Chlor	Kiesel-säure
Untere Blätter	10.077	23.330	0.900	52.638	14.007	4.245	1.968	0.209	2.876
Mittlere Blätter	8.674	24.898	0.322	50.084	11.493	4.834	3.617	0.438	5.072
Obere Blätter	8.961	24.233	0.273	48.792	12.783	6.168	5.298	0.457	2.052
Adern alter, mittl. Blätter	14.461	48.021	0.042	25.076	9.306	6.216	7.785	1.308	1.470
Faserwurzel...	9.508	38.718	0.272	15.311	12.117	6.147	9.050	6.147	13.007
Nebenwurzel	3.206	47.027	0.027	31.007	6.007	8.580	1.008	1.183	4.190
Wurzelkrone	2.413	58.101	0.256	16.038	5.222	10.609	4.227	1.450	4.302
Rumpf	3.160	53.724	0.057	24.670	6.705	7.240	1.090	3.180	3.438
Zweige	6.551	64.707	0.030	15.097	5.053	7.380	3.047	5.114	0.719
Blüthenstiele	9.111	57.104	0.138	9.638	?	7.519	7.808	7.213	2.646
Blüthen sammt Kelchen	8.547	25.858	0.070	30.899	10.471	12.694	13.515	2.161	5.019
Samen mit Hülsen ...	7.236	43.420	0.110	7.639	9.422	16.792	7.515	5.887	10.997
Samen	3.812	23.630	0.573	1.014	23.131	46.053	3.856	0.172	?

Die einzelnen Pflanzentheile	In 100 Theile Trockensubstanz: Nitrogen	Rohasche	Sand	Kohlensaure Reinasche	Kalium-oxyd	Natrium-oxyd	Calcium-oxyd	Magnes. oxyd	Phosphor-säure	Schwefel-säure	Chlor	Kiesel-säure
Untere Blätter	2.328	18.919	0.844	18.065	2.501	0.033	5.777	1.610	0.466	0.216	0.023	0.290
Mittlere Blätter	3.541	14.130	0.556	13.094	2.116	0.028	4.343	0.997	0.469	0.319	0.038	0.440
Obere Blätter	5.173	14.009	0.508	13.501	2.173	0.035	4.300	1.146	0.553	0.475	0.041	0.184
Adern alter, mittl. Blätter	?	22.915	3.098	19.117	7.076	0.010	3.627	1.353	0.890	1.196	0.292	0.214
Faserwurzel	1.873	15.080	2.061	13.019	3.697	0.026	1.462	1.157	0.587	0.922	0.597	1.249
Nebenwurzel	1.523	4.870	0.431	4.439	1.550	0.003	1.022	0.198	0.283	0.055	0.039	0.148
Wurzelkrone	0.069	3.814	0.406	3.408	1.402	0.007	0.387	0.126	0.256	0.109	0.035	0.106
Rumpf	0.798	5.428	0.417	5.011	1.875	0.002	0.861	0.236	0.253	0.050	0.111	0.120
Zweige	1.348	8.982	0.146	8.836	4.226	0.002	0.968	0.330	0.182	0.195	0.334	0.047
Blüthenstiele	3.022	12.852	1.038	11.314	5.374	0.013	0.907	?	0.725	0.747	0.090	0.243
Blüthen sammt Kelchen	5.348	13.119	2.487	10.632	2.193	0.006	2.641	0.875	1.065	1.155	0.185	0.129
Samen mit Hülsen ...	3.390	8.093	0.218	7.875	3.143	0.008	0.553	0.682	1.262	0.544	0.300	0.796
Samen	4.225	4.767	0.051	3.816	0.300	0.028	0.074	0.881	1.780	0.127	0.060	?

VI. TABELLE.

DIE ENTWICKLUNG DER TABAKPFLANZE. (Die Zahlenwerthe beziehen sich auf die ganze Pflanze.)

1879	Gewicht einer Pflanze frisch	Gewicht einer Pflanze trocken	Wasser-gehalt	Trocken-substanz	Auf Trockensubstanz bezügliche Prozente: Gesammt-Nitrogen	Ammon	Nicotin	Salpeter	Rohasche	Gesammt-Mineralstoffe	Kalium oxyd	Natrium oxyd	Calcium oxyd	Magnesium oxyd	Phosphor-säure	Schwefel-säure	Chlor	Kieselsäure
	in Grammen		in Perzenten															
31. Mai	4.726	0.54358	88.507	11.493	1.965	0.032	Spuren	Spuren	21.258	9.180	5.012	0.[illegible]	0.718	0.252	1.253	0.335	0.263	0.770
21. Juni	34.15	4.0507	88.139	11.861	2.7370	0.527	Spuren	0.190	28.255	12.407	3.839	0.317	4.5[illegible]	0.446	1.308	0.439	0.347	0.865
13. Juli	302.5	32.1811	89.483	10.517	3.5150	0.280	0.4496	?	21.022	11.055	3.279	0.[illegible]	5.340	1.048	0.837	0.240	?	0.[illegible]
25. Juli	530.5	61.5	88.408	11.592	2.972	0.548	0.7412	0.159	24.[illegible]	11.589	2.381	0.415	4.011	1.711	0.652	0.408	0.1218	1.402
16. August	1760.0	235.4	86.625	13.375	2.155	0.251	0.8140	0.302	14.321	9.4[illegible]	2.022	0.[illegible]	4.3[illegible]	1.[illegible]	0.554	0.[illegible]	0.184	0.415
17. September	973.	205.	78.952	21.048	2.2[illegible]	0.178	0.140	0.111	14.914	9.051	2.873	0.[illegible]	4.458	1.570	0.475	0.284	0.145	0.176

VIa TABELLE.

EINE PFLANZE ENTHIELT IN GRAMMEN.

1879	Nitrogen	Nicotin	Salpeter	Mineralstoffe	Kalium oxyd	Calcium oxyd	Magnesium oxyd	Phosphor-säure	Chlor	Kieselsäure
31. Mai	0.010	Spuren	Spuren	0.050	0.027	0.004	0.004	0.007	0.001	0.002
21. Juni	0.11[illegible]	Spuren	0.0077	0.505	0.155	0.184	0.038	0.053	0.014	0.018
13. Juli	1.131	0.1447	?	3.547	1.055	1.726	0.337	0.269	?	0.[illegible]
25. Juli	1.828	0.4684	0.[illegible]	7.127	1.464	2.835	1.070	0.400	0.074	0.[illegible]
16. August	5.529	1.075	0.711	22.316	6.152	10.355	2.381	1.304	0.433	0.708
17. September	4.713	0.3640	0.234	19.781	5.901	9.20[illegible]	2.1[illegible]	0.550	0.297	0.562

VIb TABELLE.

DIE PROZENTISCHE ZUSAMMENSETZUNG DER REINASCHE.

1879	Kalium oxyd	Natrium oxyd	Calcium oxyd	Magnesium oxyd	Phosphor-säure	Schwefel-säure	Chlor	Kieselsäure
31. Mai	54.506	1.078	7.843	7.082	13.616	3.345	3.052	8.458
21. Juni	30.203	1.058	36.418	7.588	10.475	3.850	2.765	7.[illegible]
13. Juli	27.427	0.635	44.[illegible]	8.706	7.001	2.082	?	6.[illegible]
25. Juli	20.565	0.129	39.788	15.025	5.026	3.179	1.040	12.011
16. August	27.626	0.652	46.[illegible]	10.071	5.835	3.176	1.268	4.[illegible]
17. September	29.831	0.3[illegible]	46.503	11.086	2.428	2.445	1.562	4.[illegible]

VII. TABELLE.

IN HUNDERT THEILEN LUFTTROCKENEM TABAK SIND ENTHALTEN:

	1869. Gewächs	Adern (Gewicht)	Blätter (Gewicht)	Feuchtigkeit	Rohasche	Sand	Reinasche*	Kali	Natron	Kalk	Magnesia	Eisenoxyd	Phosphorsäure	Schwefelsäure**	Kieselsäure	Chlor
Szikulaer	1–4	22	78	10,3	20,1	4,1	16,0	1,53	0,07	?	?	0,36	0,48	0,30	0,10	0,35
	5	23	77	10,0	20,1	1,0	19,1	1,83	0,08	8,37	1,51	0,18	0,78	0,70	0,15	0,40
	6–8	21	79	11,3	17,7	1,1	16,6	1,58	0,41	6,36	1,50	0,24	0,86	0,54	0,07	0,40
	9	25	75	?	15,2	0,9	14,[illegible]	1,53	0,45	5,70	1,79	0,20	0,55	0,07	0,09	0,33
	10–11	22	78	?	19,3	1,21	18,1	1,08	0,44	6,57	2,23	0,25	0,59	0,72	0,05	0,45
	12	25	75	11,3	14,8	1,3	13,[illegible]	0,78	0,08	5,16	2,40	0,21	0,53	0,24	0,41	0,12
	13	25	75	10,8	16,0	1,1	15,5	1,66	0,09	5,77	2,36	0,22	0,18	0,16	0,17	0,24
	14–15	22	78	10,6	18,1	1,8	16,3	2,05	0,05	5,87	2,23	0,15	1,22	0,60	0,02	0,33
	16–17	25	75	13,2	16,3	1,0	15,3	2,36	0,11	5,11	1,9[illegible]	0,23	0,48	0,12	0,03	0,16
	18	22	78	13,2	16,4	1,2	15,2	2,11	0,04	4,90	2,40	0,30	0,97	0,43	0,12	0,15
	19–21	24,5	75,5	12,6	16,5	0,8	15,7	2,40	0,06	5,14	1,82	0,40	0,42	0,60	0,20	0,15
	22	22,5	77,5	14,3	17,0	1,2	15,8	2,19	0,22	5,12	1,64	0,28	0,72	0,49	0,25	0,08
Puszta-Sz.-Tornyaer	23–26	23	77	13,2	23,5	3,3	20,2	4,26	0,45	6,45	1,26	0,41	0,63	0,92	0,50	0,53
	27–29	23	77	14,8	24,1	3,4	20,7	4,70	0,05	6,23	1,33	0,51	0,93	0,42	0,54	0,59
	30–32	23	77	12,8	22,5	2,7	19,8	4,62	0,76	5,48	1,48	0,38	0,81	0,45	0,32	0,37
	33–35	25	75	12,4	23,0	3,7	19,3	3,58	0,20	5,15	1,17	0,23	0,67	0,75	0,45	0,52
	36–38	25	75	12,5	22,7	1,1	21,6	4,46	0,33	6,05	1,05	0,36	0,78	0,42	1,37	0,76
Uj-Kigyóser	39–40	24	76	12,0	23,0	3,3	20,6	3,08	0,54	6,88	0,95	0,50	1,51	0,26	0,91	0,15
	41–43	24	76	12,0	19,9	1,7	18,2	3,62	0,01	5,13	1,25	0,36	0,97	0,39	0,37	0,30
	44–45	23	77	11,7	21,6	2,2	19,4	3,92	0,51	5,75	1,44	0,35	1,04	0,34	0,99	0,29
	46	25	75	10,5	21,1	1,9	19,2	4,31	0,25	5,21	0,97	0,20	0,04	0,56	1,04	0,25
	47–48	24	76	11,9	21,2	2,3	18,9	4,26	0,21	5,37	1,19	0,03	0,34	0,49	0,60	0,23
	49	25,5	74,5	15,0	22,3	1,7	20,6	5,34	0,84	4,78	1,34	0,22	0,78	0,49	0,44	0,25
	50–52	—	—	12,4	21,1	2,4	19,0	3,87	0,52	5,62	1,30	0,50	0,74	0,40	1,13	0,08
	53–64	30,5	69,5	15,3	16,2	1,0	15,2	1,60	0,32	4,70	1,95	0,31	0,80	1,21	0,29	0,17
	65–67		—	14,5	14,0	0,9	14,0	1,90	0,77	4,18	1,31	0,29	0,98	0,84	0,58	0,40

* Unter »Reinasche« ist die Kohle- und sandfreie, jedoch kohlensaurehaltige Asche zu verstehen.
** Die Schwefelsaure wurde unmittelbar in den Blattern und nicht in der Asche bestimmt.

VIII. TABELLE.

PERZENTISCHE ZUSAMMENSETZUNG DER KOHLE-, SAND- UND KOHLENSÄUREFREIEN ASCHE.

Abstammung	Nr.	Qualification der Blätter	Kohle-, Sand- und kohlensäurefreie Asche	Kali	Natron	Kalk	Magnesia	Eisenoxyd	Phosphorsäure	Schwefelsäure	Kieselsäure	Chlor
Sikulaner	1–4	Niedrige Tabakgattung*) ...	—	—	—	—	—	—	—	—	—	—
Sikulaner	5	Bestgut	16.4	13.2	0.6	60.3	9.7	1.3	5.8	5.0	1.4	2.9
Sikulaner	6–8	Kleinere Blätter von Bestgut	13.8	13.0	3.1	52.0	13.2	2.0	5.5	6.3	0.6	3.8
Sikulaner	9	Uebergangsblätter	?	15.0	3.9	49.3	15.5	1.7	4.4	5.8	0.8	3.4
Sikulaner	10–11	Ordinäres Bestgut ..	?	14.8	3.3	49.2	17.1	1.9	4.4	5.4	0.5	3.4
Sikulaner	12	Helles Bestgut .	10.9	8.1	0.3	53.4	24.8	2.2	3.4	2.5	4.1	1.3
Sikulaner	13	Dasselbe aus Gounder-Samen	13.1	14.2	0.8	49.5	19.4	1.9	4.1	6.5	1.5	2.1
Sikulaner	14–15	Bestgut	14.2	16.1	0.4	46.1	17.5	1.2	10.4	5.4	0.2	2.6
Sikulaner	16–17	„	12.9	21.1	1.0	45.7	17.8	2.1	4.3	6.4	0.3	1.1
Sikulaner	18	„	13.1	18.5	0.4	43.1	21.3	1.8	8.5	4.3	1.1	1.3
Sikulaner	19–21	„	13.0	21.1	0.5	45.2	16.0	3.5		6.1	2.6	1.3
Sikulaner	22	„	12.8	19.9	2.0	46.6	14.[illegible]	2.6	6.6	4.5	2.3	0.7
Puszta-Sz.-Tornyaer	23–26	Kleinblättriges Bestgut	17.1	28.8	3.0	43.6	8.5	2.8	4.3	2.2	3.1	3.6
Puszta-Sz.-Tornyaer	27–29	„ „	17.7	29.8	0.3	41.3	8.8	3.3	6.2	2.8	3.6	3.9
Puszta-Sz.-Tornyaer	30–32	Grossblättriges „	16.6	31.0	5.2	37.0	10.0	2.6	4.6	3.1	2.2	2.8
Puszta-Sz.-Tornyaer	33–35	Mittelgrossblättriges Bestgut	14.1	28.3	1.6	43.3	9.3	1.8	5.3	2.7	3.8	4.1
Puszta-Sz.-Tornyaer	36–38	Grossblättriges Bestgut	17.8	28.6	2.1	38.8	6.7	2.3	5.0	2.7	8.4	4.9
Uj-Kigyóser	39–40	Bestgut	17.5	24.0	3.5	44.8	6.1	3.3	9.6	1.7	5.9	1.0
Uj-Kigyóser	41–43	Uebergangs-Blätter	14.9	27.4	0.1	39.5	9.6	2.8	7.5	3.0	7.5	2.3
Uj-Kigyóser	44–45	Kleinblättriges Bestgut	15.6	26.7	3.7	39.1	9.8	2.7	7.1	2.3	6.7	2.0
Uj-Kigyóser	46	Bestgut	15.5	31.1	2.1	37.6	7.0	2.1	6.8	4.0	7.5	1.8
Uj-Kigyóser	47–48	„	15.5	31.3	1.5	39.1	8.7	6.8	2.5	3.6	4.4	1.7
Uj-Kigyóser	49	„	16.9	37.3	5.9	33.4	8.7	1.5	5.1	3.4	3.1	1.7
Uj-Kigyóser	50–52	Nachwuchs-Tabak ..	16.0	26.1	3.5	37.9	8.8	3.4	5.0	3.1	7.6	4.6
	53–64	Bestgut	13.4	14.2	2.8	41.7	17.3	2.8	7.1	10.7	1.8	1.5
	65–67	Gartenblätter ...	12.4	17.9	7.3	39.4	12.3	2.7	9.2	6.0	3.6	1.4

Diese Daten verdanke ich der Freundlichkeit meines Collegen Herrn Dr. Ulbricht, der mir das Tagebuch der Versuchsstation bereitwillig zur Verfügung stellte. Die Analysen 1—12. führte Herr Dr. Guszt. Csanády, 12—67. Herr Dr. G. Koós aus.

*) Die Kalk- und Magnesia-Bestimmungen fehlen.

IX. TABELLE.

TABAK-ANALYSEN DURCH AUSLÄNDISCHE CHEMIKER AUSGEFÜHRT.

Name des Tabaks	In 100 Thl. Trockensubstanz		In 100 Theilen Asche									
	Roh-asche	Rein-asche	Kalium-oxyd	Natrium-oxyd	Magnes. oxyd	Kalk	Phosphor-säure	Schwefel-säure	Kiesel-säure	Eisen-oxyd	Chlor	Analytiker
Debreeziner, lufttrocken	18,0	14,98	29,08	2,14	7,23	30,89	4,29	3,78	17,05	4,55	0,55	Will und Fresenius
„	22,2	17,18	30,67	3,15	8,67	27,10	2,81	3,90	18,50	3,90	3,40	Will und Fresenius
„	24,5	19,72	30,08	4,05	7,31	33,84	3,00	3,78	6,50	3,39	8,09	Will und Fresenius
Banater	19,8	15,80	20,88	6,05	15,73	32,03	3,20	5,94	5,07	3,61	8,80	Will und Fresenius
Fünfkirchner 1840	23,0	16,88	13,59	1,77	13,93	46,11	2,85	4,63	9,32	3,22	6,02	Will und Fresenius
„ 1841	21,8	14,76	19,65	1,88	11,07	50,19	4,77	3,51	5,14	2,30	2,15	Will und Fresenius
„ 1841	23,98	15,50	12,40	2,44	14,58	52,03	2,34	3,93	5,54	2,85	4,91	Will und Fresenius
1841	23,98	14,89	11,40	1,70	15,80	51,07	3,16	3,61	6,28	3,50	3,50	Will und Fresenius
„ 1839	22,83	15,69	12,28	3,89	15,04	43,41	3,55	5,54	8,34	4,01	5,31	Will und Fresenius
1839	27,36	16,11	13,07	1,37	12,77	51,14	2,96	3,00	12,03	3,34	2,97	Will und Fresenius
Türkischer	—	15,288	15,45	—	14,50	57,00	1,89	3,37	0,58	1,37	5,10	Dr. Kodweis
Debröer Pfeifentabak		13,507	19,91		17,25	40,12	5,54	3,08	0,29	2,13	11,03	Dr. Kodweis
Virginier	—	10,095	46,22		11,53	22,74	6,40	5,42	0,49	2,97	4,61	Dr. Kodweis
Szegediner	—	17,534	21,01		13,00	48,76	1,46	4,66	0,20	1,10	9,78	Dr. Kodweis
Moorer, unreif		12,584	8,75		12,85	64,18	4,97	6,57	0,70	1,43	0,42	Dr. Kodweis
Pfälzer, unreif		11,730	12,00	—	4,58	63,21	6,02	7,34	1,01	2,46	2,68	Dr. Kodweis
bester	—	20,34	47,40	11,341	7,210	32,222	2,367	4,184	5,702	0,659	8,645	Dr. Kodweis
Virginier Deckblatt	8,01	—	40,04	2,77	8,09	31,50	3,50	9,74	1,40	Nitrog. 3,18	2,27	Irby und Cabell, Chemical News. 1874.
„ feiner Pfeifentabak	9,20		28,25	1,18	10,88	49,97	1,30	3,41	2,92	2,63	2,85	Irby und Cabell, Chemical News. 1874.
„ Fülltabak	12,54		37,64	3,26	14,37	30,46	3,40	3,75	2,60	3,72	4,41	Irby und Cabell, Chemical News. 1874.
„ österr. Deckblatt	14,83		33,15	6,78	15,13	33,54	2,28	5,58	1,10	5,76	2,42	Irby und Cabell, Chemical News. 1874.
„ englischer Tabak	13,30		40,50	1,53	6,46	37,04	4,17	4,67	0,85	5,35	3,12	Irby und Cabell, Chemical News. 1874.
„ „ „	11,08	—	33,87	1,35	8,00	42,14	4,85	5,80	2,00	5,95	1,17	Irby und Cabell, Chemical News. 1874.
Türkischer Tabak	21,48	16,74	?	1,03	5,13	51,35	3,03	6,47	24,90	Eisenoxyd 1,31	0,77	Kappel
Bayerischer Tabak	23,33	15,80	26,06	7,88	9,61	39,53	1,07	2,78	4,61	2,23	5,88	C. Merz
Pfälzer Tabak	23,8	18,54	6,09	17,06	9,27	41,37	3,04	5,50	7,92	0,57	11,14	Fr. M. Brandt

X. TABELLE.

ANALYSEN AUSLÄNDISCHER TABAKE.

Name des Tabaks		In 100 Theilen Trocken-substanz: Rohasche	In 100 Theilen Trocken-substanz: Reinasche	In 100 Theilen Asche: Kalium-oxyd	Natrium-oxyd	Magnes.-oxyd	Kalk	Phosphor-säure	Schwefel-säure	Kiesel-säure	Eisenoxyd	Chlor	Analytiker
Maryland		14.53	11.67	21.57	1.72	9.80	27.77	10.42	9.80	10.54	3.45	4.61	Charles T. Jackson
"		14.78	12.58	23.85	5.12	2.35	30.94	8.39	1.78	24.88	1.41	1.08	Charles T. Jackson
Massachusets		18.02	14.44	26.70	7.90	2.09	33.70	9.05	3.00	12.45	1.57	2.2	Charles T. Jackson
"		20.20	18.34	16.74	2.77	0.64	31.03	9.97	3.8	32.98	1.76	0.75	Charles T. Jackson
"	1871. Gewächs	—	16.93	23.09	11.13	8.05	39.85	2.89	7.44	1.20	—	5.35	S. W. Johnson. Annual Report of the Connecticut Board of Agriculture 1873, old. 384.
"	"	—	17.88	25.34	2.07	6.38	46.03	2.91	8.18	1.03	—	7.55	S. W. Johnson
"	"	—	14.13	52.72	2.15	7.15	22.48	5.66	7.01	2.12	—	0.85	S. W. Johnson
Connecticut		—	16.45	39.09	2.07	7.16	21.04	3.53	10.27	0.73	—	15.20	S. W. Johnson
"		—	16.00	28.34	1.18	13.08	39.85	3.55	4.38	1.13	—	8.70	S. W. Johnson
"	1872. Gewächs	—	16.78	32.72	0.49	10.37	36.59	3.82	6.32	0.30	—	9.41	S. W. Johnson
"	"	—	17.85	27.00	1.01	9.02	39.38	2.80	7.71	0.62	—	11.51	S. W. Johnson
"	"	—	12.32	40.02	0.97	8.44	34.17	5.20	9.57	0.97	—	0.65	S. W. Johnson
"	"	—	17.00	39.04	1.08	5.74	29.03	4.26	5.57	0.68	—	14.15	S. W. Johnson
"	"	—	15.03	40.99	0.89	6.34	38.04	3.01	5.27	0.44	—	5.27	S. W. Johnson
"	"	—	19.40	36.15	0.99	7.78	32.89	3.20	5.51	0.41	—	13.14	S. W. Johnson
"	"	—	17.32	38.57	0.84	8.14	31.93	3.35	3.00	0.52	—	14.54	S. W. Johnson
Nord-Carolina		—	8.53	41.50	1.05	12.31	28.51	8.56	4.22	1.41	—	2.85	S. W. Johnson
Kentucky *		—	12.83	37.52	2.10	9.35	35.91	4.09	4.21	2.73		3.74	S. W. Johnson
Beneventoer Blätter		19.35	15.40	30.23	4.88	2.17	35.03	6.01	5.30	nyom	5.01	8.94	E. Quajat
Paduaner Blätter		21.07	16.20	15.04	7.23	6.72	50.84	9.37	4.02	1.20	1.72	1.41	E. Quajat
Ganze Pflanze **		23.22	21.77	43.15	4.26	0.83	16.55	3.26	9.53	0.90	0.08	20.[illegible]	Fesca
Unter Glasglocke gezogen		13.00	9.41	32.31		5.04	42.68	5.08	8.48	—	0.[illegible]	8.00	Schlösing
Im Freien gezogen		21.80	15.20	27.14	—	5.01	44.07	2.70	7.08		1.41	14.[illegible]	Schlösing
" " " Blätter..		—	22.88	12.94	2.14	5.77	51.75	7.87	7.73	5.48	4.92	1.40	L. Grandeau
Im Drahtkäfig gezogen ***		—	22.97	14.32	2.39	3.18	54.89	6.50	7.91	5.27	4.18	1.80	L. Grandeau

* Im Mittel aus 30 Tabakaschen-Analysen.
** Behufs des Studiums der Verhinderung der Wasser-Verdampfung.
*** Zum Zwecke des Ausschlusses der atmosphärischen Electrizität.

XI. TABELLE.

TABAK-DÜNGUNGSVERSUCHE DURCH AUSLÄNDISCHE CHEMIKER AUSGEFÜHRT.

Die Art der Düngung		Gesammt-Asche	Gesammt-Kalium Oxyd	Natrium oxyd	Calcium oxyd	Magnes. oxyd	Eisen-oxyd	Phosphor-säure	Chlor	Schwefel säure	Unlöslich	Kohlen-saures Kalium	N	Anmerkung
Ungedüngt		–	13.50	5.30	35.98	4.21	1.75	4.91	0.34	5.31	11.45	—	--	Asche
		20.43	2.79	1.03	7.13	0.86	0.35	1.01	0.07	1.09	2.34	1.18	3.12	Tabak
Schwefelsaure Magnesia			13.9	3.80	29.01	3.68	1.07	4.30	0.36	4.09	16.08		--	Asche
		21.70	2.90	0.82	6.49	0.80	0.43	0.93	0.08	1.06	3.48	1.03	3.02	Tabak
Superphosphat		--	13.90	2.01	35.40	4.64	0.71	4.23	0.30	6.83	10.55	—	—	Nessler
		21.40	2.00	0.43	7.58	0.99	0.15	0.94	0.06	1.46	2.26	1.16	3.23	
Kalium-sulphat		-	15.42	3.29	33.37	4.46	1.73	5.00	0.53	6.97	8.95	—	—	
		21.07	3.80	0.70	7.33	0.98	0.38	1.00	0.11	1.46	1.98	1.10	3.11	
Kochsalz			8.03	1.95	37.65	3.01	1.52	4.05	2.25	6.07	9.73	—		
		24.17	2.30	0.56	9.21	0.72	0.37	0.60	0.55	1.71	2.38	0.47	2.15	
											SiO_2	Nicot.		
Torf mit dem Nährstoff 1/4 gesättigt	für sich	22.86	7.24	0.38	5.51	0.95	0.07	1.22	2.67	2.03	0.38	2.19	4.87	
	$+K_2O$	24.02	9.54	1.06	4.57	0.92	0.15	0.79	3.00	1.12	0.20	3.55	5.51	Fesca, Liebig, Die Chemie in ihrer Anwend. Agr. Phys.
	$+Na_2O$	24.21	11.20	-	4.63	0.81	0.11	0.55	2.82	1.44	0.22	2.39	5.55	
	$+NH_3$	20.73	8.24	0.22	4.36	0.91	0.14	1.33	2.25	1.43	0.42	2.41	5.03	
	$+P_2O_5$	24.21	10.65	0.61	4.41	1.08	0.09	0.78	2.09	1.74	0.19	2.83	8.16	
	$+K_2O+Na_2O$	22.61	9.48	0.61	3.60	0.87	0.16	0.9	2.15	1.72	0.47	1.92	4.55	
	$+K_2O+Na_2O$, NH_3, P_2O_5	23.17	7.32	0.06	4.92	1.22	0.17	1.02	2.08	1.70	0.49	2.95	5.03	
	$+CaO+MgO$	19.9	5.74	0.39	5.24	1.07	0.10	0.07	3.44	2.40	0.29	2.88	5.71	
1/2 gesättigt	für sich	22.48	6.51	0.88	6.37	1.23	0.17	0.96	3.80	2.45	0.69	2.04	5.91	
	$+K_2O$	21.09	4.58	1.05	6.20	1.52	0.15	0.93	2.74	1.29	0.59	2.43	6.04	
	$+Na_2O$	29.57	8.57	0.9	5.20	0.9	0.12	0.78	3.62	2.05	0.09	3.00	6.48	
	$+K_2O+Na_2O$	20.04	6.89	0.91	5.41	0.9	0.15	0.87	3.30	1.36	0.50	2.17	7.10	

XII. TABELLE.

VERGLEICHENDE ZUSAMMENSTELLUNG DER ASCHENANALYSE VON BEST BRENNBAREN UND VON SCHLECHT BRENNBAREN TABAKSORTEN.

Name des Tabaks	Kohlensäure haltende Reinasche	Kaliumoxyd	Natriumoxyd	Calciumoxyd	Magnesiumoxyd	Phosphorsäure	Schwefelsäure	Chlor
	In 100 Theilen Trockensubstanz	In 100 Theilen Asche						
Gut brennbare								
Dorogher	23.13	25.18	0.27	49.08	14.50	4.01	4.43	1.25
Szuloker	19.72	43.55	0.67	33.64	10.58	7.06	3.88	?
Tordaer	25.74	32.61	0.65	41.49	10.45	4.15	5.12	1.07
Kokader	23.05	13.57	0.63	53.84	18.23	6.21	3.07	2.06
Vittnyéder	15.31	24.73	2.40	43.28	9.55	6.29	6.20	2.34
Csetneker	17.98	24.58	1.54	50.05	12.02	2.16	3.24	3.67
Jánosházer	18.11	35.05	2.32	33.85	8.27	6.51	4.47	
Mittel	20.1	28.5	1.15	43.6	12.2	5.4	4.5	3.0
Schlecht brennbare								
Csókaer	23.94	17.49	0.55	38.45	13.86	7.47	6.37	19.52
Katahalmer	19.85	29.50	4.51	33.89	10.84	10.80	1.32	11.84
Kocsordoser	17.91	30.29	3.21	34.88	7.07	8.12	2.53	18.84
Csegeer	16.26	15.62	10.69	45.35	13.96	6.66	3.45	5.58
Sikulaer	14.3	15.0		49.3	15.5	4.8	5.8	3.4
Gyulaer Puszta Remeteer	15.2	14.2	2.8	41.7	17.3	7.1	10.7	1.5
Mittel	17.9	20.3	4.3	40.5	13.1	6.4	5.9	10.4
Gut brennbare								
Maximum	25.74	43.55	2.5	53.8	18.2	7.6	6.2	4.7
Minimum	15.31	13.57	0.6	33.6	8.2	2.1	3.2	1.2
Schlecht brennbare								
Maximum	23.9	30.3	10.7	49.3	17.3	10.6	10.7	19.52
Minimum	14.3	14.2	0.5	33.8	7.07	4.8	1.32	1.5